KB043239

가난을 넘어, 죽음을 넘어

나의 인생, 나의 도전

가난을 넘어, 죽음을 넘어

나의 인생, 나의 도전

1판 1쇄 : 인쇄 2015년 07월 06일
1판 1쇄 : 발행 2015년 07월 09일

지은이 : 이태섭
펴낸이 : 서동영
펴낸곳 : 서영출판사

출판등록 : 2010년 11월 26일 제25100-2010-000011호)
주소 : 서울특별시 마포구 서교동 465-4, 광림빌딩 2층 201호
전화 : 02-338-0117 팩스 : 02-338-7161
이메일 : sdy5608@hanmail.net

디자인 : 이원경

ⓒ2015이태섭 seo young printed in seoul korea
ISBN 978-89-97180-48-6 03040

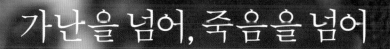

가난을 넘어, 죽음을 넘어

나의 인생, 나의 도전

이태섭 지음

2015·서영

차 례

추천사

안호원 박사
(전 국민대 교수, 시인)

쓰러지고 넘어져도 일어났다. 밟히고 짓밟혀도 살아났다. 얼어버리고 굳어버려도 다시 피어야만 했다. 남의 인생을 한 줄 글로 논하기는 어렵지만 적어도 이태섭 회장의 인생은 이렇게 함축되는 것이 아닌가 생각한다.

그를 아는 많은 사람들은 그의 인생을 잡초 같은 인생, 인동초 같은 인생, 오뚜기 같은 인생이라고 말한다.

자신의 의사와는 상관없이 올가미를 씌워버린 가난. 그 가난을 뿌리치기 위해 그는 남들보다 몇십 배 더 어려운 삶을 살았던 사람이다. 그렇기에 잡초같이, 인동초같이, 오뚜기처럼 살아야 했다.

이태섭이라는 한 인간의 삶과 용기, 그리고 꿈을 버리지 않는 끈질긴 도전정신은 이 시대를 살아가는 많은 사람들에게 적잖이 교훈이 되리라 믿어 의심치 않는다.

어떻게 사는 것이 바르게 사는 것인지, 어떻게 살아가는 것이 행복하게 살아가는 것인지 우리는 잘 모른다. 그러나 이태섭이라는 사람을 만나면 조금이라도 알게 되는 것은 어떤 이유일까.

아마도 그만이 갖고 있고, 그만이 경험해야 했던 인생역정이 남달라서일 것이라 생각한다.

내가 아는 이태섭 회장은 모질게는 살았지만 마음만은 순수하다. 배고픔과, 슬픔과, 환란을 겪었으면서도 그의 마음은 따뜻했다. 나만의 생각은 아닐 것이다.

이 회장과 교류하고, 친분을 쌓으며 인간적인 정을 나눠 본 사람이라면 그 맛을 알 것이라 믿어 의심치 않는다.

물론 어떤 한 인간을 평가하는데 100% 다 좋게만 보이는 것은 아닐 것이다. 보는 각도에 따라서, 서로가 처한 입장에서 바라보면 전혀 다른 평가와 생각을 가질 수도 있다.

그를 안지가 10여년이 넘었으니 나만의 평가에 손가락질은 하지 않을 것이라 본다.

처음 만났을 때 나는 그에 대한 궁금증과 호기심이 많았던 사람 중 한사람이다. 그런데 시간이 지나면서 그의 일장일단을 하나하나 알 수 있었다. 특히 그의 소박함에 나는 매력을 느꼈다.

그는 이웃의 아픔을 나의 아픔으로 생각하는 사람이다. 가난한 사람의 처지를 알고, 희망을 잃어가는 사람들의 고뇌를 안다. 어르신들의 외로움을 알고, 소외된 사람들의 아픔도 안다.

누가 하라고 해서도 아닌 자신과의 약속을 지키기 위해 이 회장은 수익의 일부를 이런 사람들의 마음을 치유하는데 투자하고 있다. 남을 돕고 봉사활동을 한지가 14년이란 세월이다.

남이 알아주건 말건 상관하지 않는다. 그저 자신이 할 수 있는데 까지만 최선을 다한다. 그는 유명 정치인도 돈 많은 재벌 총수도 아니다. 조그마한 부동산컨설팅 회사를 운영하면서 기업이익의 사회 환원을 오래전부터 실천해오고 있다.

자신의 처지에서 보면 엄청나게 큰 돈일 수도 있지만 그는 이런 일들을 마치 의무처럼 해오고 있다.

마침 그가 자신의 인생역정을 축소한 것이나 다름없는 한편의 영화같이 애절하고도 절절한 한권의 책을 이 세상에 내 놓았다.

'나의 인생, 나의 도전'이라는 제목을 달아서 말이다. 제본도 되지 않은 프린트된 원고를 보여주었을 때 난 크게 깨달았다.

나의 편견일지는 몰라도 그의 인생의 스토리를 조금은 알고 있다고 생각했는데 내가 아는 스토리는 백분의 일도 안됐다. 나는 큰 감명을 받았다.

자랑컨대 그 어떤 류의 소설이나 에세이보다 더 큰 감명을 받았다는 것을 솔직히 고백한다. 인생 희노애락 그 자체를 말잔치가 아닌 있는 그대로 보여주고 있다. 있는 감성 그대로를 표출함으로써 책속에 녹여 낸 그만의 호흡소리를 나는 들을 수 있었다.

특히 자신이 겪어야 했던 가난과, 고통과, 아픔과, 고뇌 같은 것들을 꿈과 희망으로 승화시켜 성공의 교훈처럼 들려주고 있다는데 더 큰 감명을 받았다.

그는 아픔을 준 사람들에게는 용서를 구했고, 도움과 어려울 때 손을 내민 사람들에게는 감사를 표했고, 방황하는 청소년들에게는 희망의 메시지를 주었다.

무엇보다 증오하고 미워해야만 했던 부모를 용서하고 자식된 도리를 다하고자 하는 그 모습은 인성과 도덕이 망가져 가는 우리사회에 큰 메시지를 던져주고 있다.

그는 여전히 배가 고프다고 한다. 두 번 다시 눈물 젖은 빵을 먹지 않기 위해 그는 오늘도 남들보다 더 많은 시간을 뛴다.

바라건데 이 책이 한 인간의 삶을 조명한 여타 자서전의 끝에서 머무르지 말고 인간 이태섭을 여러 면에서 읽을 수 있는 기회가 되기를 바란다.

특히 그가 이끌고 있는 ㈜라프가 지금보다 더 일취월장해 그가 그리고 있는 노인복지타운의 꿈이 완성되기를 기도한다.

추천사

고영준
(가수)

이태섭 회장이 자신이 살아온 길을 책으로 낸다고 해서 난 박수를 쳤다. 내가 이 회장을 만난 이후 항상 생각 했던 것 중 하나가 그의 인생을 영화로 만들었으면 참 좋겠다는 것이었다.

어려운 유년시절에서부터 청장년 시절, 그리고 지금까지 그는 정말 앞만 바라보고 달려온 사람이다. 또한 내가 아는 사람 중에 제일 바쁘게 사는 사람 중 한명이다.

그는 누구보다 어려운 환경에서 자란 것으로 알고 있다. 그가 지나 온 지난날을 보면 보통 사람 같으면 견디기 어려운 일들이 한 둘이 아니다. 그럼에도 그는 항상 오뚜기처럼 일어서 있었다. 나는 지난 십 몇 년간 이 회장을 옆에서 지켜봤다. 100%는 다 알지 못하지만 그가 어떤 사람인지, 또 어떤 정신을 갖고 살아가고 있는 사람인지는 알만큼 안다.

장독안의 된장을 퍼주기 좋아하고, 나보다 못한 사람을 보듬어 줄줄 아는 폭넓은 가슴을 가졌다. 그것은 아무런 대가 없이 스스로 계획한 노인잔치와 봉사활동을 10여년 넘게 해오고 있다는 것이 잘 입증하고 있다. 나는 이 회장이 주최한 많은 잔치와 공연에 함께했다. 노인잔치는 물론 교도소 위문공연, 양로원 공연 등 우리사회 그늘 진 곳을 그는 쉼 없이 찾아 다녔다.

그들과 어울려 스킨십을 하는 것을 보면 거짓이 없다. 진솔함이 그대로 묻어난다. 진짜 내 부모같이 어르신들을 챙기는 것을 보면서 나이 한 두 살 더 먹은 내가 부끄러울 때가 있었다.

왜 그런지 물어보니 부모로부터 사랑을 제대로 받지 못해 그렇다고 그는 숨김없이 말했다. 남의 가족사 일일이 물어 볼 수 없어 그렇겠지 했는데 이번 책을 내면서 탈고된 원고를 보니 충분히 이해되고도 남았다.

부모의 사랑을 듬뿍 받고 자란 사람들은 잘 모른다. 부모가 자신에게 어떤 존재인지. 하지만 이 회장은 그런 사랑에 목말라한다. 아니 갈구한다고 하는 것이 맞을 것이다.

그는 매년 회사 수익의 일정액을 들여 노인잔치를 베풀고 봉사활동을 한다. 그 대상이 누구든 장소가 어디든 상관없다. 그렇다고 정치인들처럼 어떤 목적을 갖고 하는 것도 아니다. 진짜 어려울 때 다짐하고 맹세했던 자신과의 약속만을 지킬 뿐이라고 한다. 이 회장이 이번에 내놓은 자서전은 내가 2006년 12월에 발표한 '눈물 젖은 빵'과 너무도 닮았다.

마치 이 회장의 인생을 노래로 만든 것처럼 그는 이 노래를 듣고 많이 울었다고 한다. 노래 가사가 구구절절 하듯 그의 인생도 구구절절하다.

아무쪼록 이 책이 많은 사람들에게 읽혀져 삶에 용기를 갖고 사는 족매제가 됐으면 좋겠다. 아울러 가난의 고통과, 어려움의 난관에서 고뇌하는 청소년들에게 꿈의 청량제가 됐으면 좋겠다는 생각이다.

나의 인생,
나의 도전

제1장
성장통

수학여행 좀 보내주세요!

"할머니 수학여행 좀 보내줘유."

"이놈아, 돈이 어디 있다고 수학여행을 갈려구 한다냐."

"친구들은 모두 가는디 저도 좀 보내줘유…… 할머니."

"학교에 낼 쌀은 또 어디 있냐, 안 된당게."

초등학교 6학년 수학여행, 나에게는 눈물의 아픈 기억으로만 남아 있다.

반 전체 인원 62명 중 '쌀 두되, 돈 200원'이 없어 나 혼자만 가지 못했다. 못가는 것도 가슴 아픈데 친구들이 수학여행 간 2박 3일 내내 난 지게를 지고 매일같이 땔감을 하러 뒷산을 오르내려야 했다.

아마도 이날 지게를 진 채로 뒷산에 외롭게 선 고목나무에 머리를 박고 통곡하듯 쏟아냈던 눈물이 내 일생 가장 많이 흘린 눈물일 것이다.

수학여행을 못가서 억울해서 흘린 눈물이 아니라, 여행을 가는 친구들이 너무도 부러웠기 때문이다.

나는 그날 친구들의 부러움을 삭히기 위해 눈물과 콧물이 범벅이 된 채 들고 있던 지게작대기로 죄 없는 잡초만 한없이 두

초등학교 졸업사진

들겨 팼다.

땅이 움푹 패일만큼 내려친 잡초들의 그 아픈 상처. 그 상처만큼 내 가슴 한쪽에도 수학여행은 영원히 아물지 않을 찢어진 아픔으로 아로새겨졌다.

"왜 나만 이렇게 가난할까."

"엄마 아빠는 도대체 어디에 있는 걸까."

"할머니는 왜……."

고개를 들었다. 꽃구름 사이로 따스한 햇살은 수채화처럼 번지고 있었다.

어머니의 가슴처럼 푸짐한 언덕배기, 그 밑으로 불어오는 산들바람에 하늘거리는 잡초들까지도 그렇게 행복해 보였다.

미물들로 가득 찬 자연은 고통과 상처를 속으로 삼키고도 여전히 나에게 가슴을 내밀어 따스함을 전해주고 있었다.

"난 뭔가?"

"내가 잡초보다 못하단 말인가?"

산속엔 온통 내가 뿜어낸 상처 난 메아리들만 내 주위를 윙윙거리다 사라진다. 그리곤 이내 되돌아와 내 눈물을 스치며 지나갔다.

얼마나 울었을까. 또 얼마나 부러웠을까. 난 울다 지쳐서 지게를 등진 채 뒷산에서 잠이 들고 말았다.

한참을 잤나보다. 으스스한 느낌이 들어 잠을 깨보니 해는 서산 턱받이에 걸려 있었다. 허겁지겁 몸을 일으켜 세웠다. 당장 나무를 한 지게 지고 집으로 내려가야 했다.

외할머니가 기다리는 것보다 늦었다고 매 맞지는 않을까 내심 걱정이 됐다. 미친 듯 낫질을 해댔다. 다행히 30여분 만에 한 지게 가득 땔감을 묶었다.

지게를 지려는 순간 배에서 신호음이 들리기 시작했다. 아침을 굶은 데다 점심까지 걸렀으니 배에서는 꼬르륵 꼬르륵 거리는 소리만 요란하게 들려왔다.

다행히 걷기 시작하면서부터 굶는 것을 밥 먹듯 해서인지 어지간한 배고픔은 그래도 참을 수 있었다.

지게를 지려고 허리에 힘을 주니 현기증까지 나듯했다. 자칫하면 쓰러질 뻔했다.

빨리 가야한다는 생각에 지게작대기를 꼿꼿이 세우고 허리를 간신히 일으켜 세웠다. 그리고는 헐레벌떡 산을 내려왔다.

검정고무신이 미끄러워 몇 번이고 고꾸라질 뻔했다. 하지만 하루 이틀 오르내린 산이 아니어서 뒤뚱 갸우뚱 그렇게 산을 내려왔다.

땔감이 쌓여 있는 뒤안을 돌아 지게를 막 내리려는데 부엌에서 외할머니의 목소리가 들려왔다.

"태면아, 산에 가서 뭘 하다 이제 왔냐?"

뭐라도 변명하고 싶었지만 입조차 떼기 싫었다. 지게 바를 풀고 곧바로 골방으로 뛰어가듯 들어갔다. 한쪽 벽에 걸터앉아 지그시 눈을 감았다. 채 1분도 되지 않았는데 외할머니가 뒤따라 들어왔다. 방문 여는 소리에 눈을 떠보니 외할머니 오른손엔 회초리가 들려져 있었다.

"이놈이 할미가 수학여행 안 보내준다고……."

변명도 하기 전에 외할머니가 들고 있는 회초리는 순식간에 내 등줄기를 갈라놓듯 아픈 통증으로 전해져 왔다.

외할머니는 내가 나무하러 아침에 산에 가서 저녁 무렵이 다 되어서야 집에 온 것이 수학여행을 안 보내줘 심통을 부리는 것으로 생각하고 있었다.

"아니라구! 아니라니께유!"

나는 울부짖듯 악을 쓰며 외할머니 왼손에 들려 있는 회초리를 잡았다. 그런데 외할머니 손에는 힘이 없었다. 힘을 쓰려고도 하지 않았다. 그러더니 이내 나를 와락 껴안았다. 그리고는 울먹이듯 뭔가를 말하고 계셨다.

"미안하구나, 할미가 미안하구나."

"애미 애비 잘못 만난게 죄지…… 니가 뭔 죄가 있다고……."

외할머니의 흐느낌 소리가 커지기 시작했다. 손자에게 매질한 것보다 내가 너무 불쌍해 보였던 모양이다.

이윽고 외할머니의 뜨거운 눈물이 내 등줄기를 타고 허리춤까지 흘러내렸다. 나도 외할머니 품에 안겨 또 다시 뜨거운 눈물을 쏟아냈다.

"쌀 두되, 돈 200원이 없어 너를 수학여행 못 보내는 내가 죽일 년이구나."

'가난'이라는 족쇄

외할머니의 한탄에는 나를 때린 미안함보다 찌든 가난의 아픔이 그대로 배어 있었다.

"미안하구나, 미안하구나!"

외할머니도 화가 나셨을 터인데 그렇게 당신의 마음을 다스리고 있었던 것이다. 나는 아무 말 없이 외할머니 허리에 얼굴을 파묻은 채 한참을 눈물만 흘리고 있었다.

사실 내가 살던 외할머니 댁은 너무도 가난했다. 당시 외할머니 댁 살림살이는 진짜 쌀 두되면 수학여행보다 입에 풀칠하는 하는 것이 더 급선무였을 정도였다. 세끼 중 두 끼는 굶어야 여럿 식구 한 끼라도 제대로 먹을 수 있었다.

그런 외할머니 댁에 우리 형제들이 엄마 아빠에게 버림받은 채 핏덩이로 맡겨졌던 것이다.

내가 태어난 곳은 충남 부여군 남면 송암리 호암부락이라는 곳이다.

마을 앞뒤로는 야산이 병풍처럼 둘러 처져 있는 평화로운 농촌이다. 실개천을 흐르는 물속에서는 피라미들의 군무가 보일만큼 맑음을 발산했다. 신이 손대다 만 동양화처럼 아름답고 때 묻지 않은 그곳이 바로 내가 태어난 고향이다.

이렇듯 남들에게는 행복한 농촌이었는지 모르지만 난 그 속에서 어린 시절 모두를 오로지 가난과 맞서 질기고도 질긴 사투를 벌여야만 했다.

1960년대 보릿고개를 걱정해야 할 만큼 먹고살기가 어려운 시절의 농촌이었으니 나와 비슷한 세대들은 그 가난을 알고도 남음이 있을 것이다.

당시는 밥 세끼 모두 챙겨 먹는 것만으로도 부자라는 자부심을 가질 정도였다. 계란프라이 하나, 멸치 몇 마리가 들어 있는 도시락이 부러움의 대상이었던 시절이다.

지금 아이들은 상상이 안 되겠지만 지지리도 먹고 살기 어려울 때였다. 그 중에서도 내 앞에 펼쳐진 가난은 가혹하리만큼 나를 괴롭혔다.

그 어린 나의 눈에도 그랬으니 어른들은 어떠했겠는가.

이런 형편인데도 우리 형제들은 태어나자 말자 핏덩이인 채로 외할머니 댁으로 하나 둘씩 보내졌다. 나중에 알았지만 누나 둘과 막내 여동생까지 외할머니 댁에 맡겨졌으니 외할머니는 또 무슨 죄일까?

그러나 철이 들 때까지 우리 남매들은 외할머니 댁에 왜 맡겨졌는지 이유도 모른 채 지내야 했다. 맡겨지는 그 순간이 엄마와의 첫 이별이자 마지막이었다는 것을 초등학교에 들어 갈 무렵이 되어서야 알았다.

핏덩이였던 내가 보자기에서 눈을 뜨고, 엉금엉금 기어 다니고, 아장아장 걸은 것도 모두 외할머니 댁이다.

나 하나 초등학교 6년을 겨우 다닐 정도로 어려웠으니 외할머니의 고생은 가히 짐작하고도 남는다.

나를 키워주고 계신분이 엄마가 아닌 외할머니라는 것을 내 스스로가 알았을 때는 서너 살 즈음이다.

　　그때부터 외할머니를 보챘다. 엄마에게 데려다 달라고 매일같이 매달리다 안 되면 때를 썼다.

　　그때마다 외할머니는 "엄마 아빠는 서울 가서 돈 많이 벌어 온다"고만 했지 다른 말은 일체 들려주지 않았다.

어린 시절을 보낸 외할머니집 앞에 선 필자

할머니 말만 믿었다. 믿을 수밖에 없었다. 철이 없었으니 오로지 엄마 아빠가 돈 많이 벌어오면 맛있는 과자 마음껏 먹을 수 있을 것이라는 그 생각뿐이었다.

그것이 유일한 엄마 아빠를 향한 기다림이었다.

'혹시 내일 오려나, 선물 한 움큼 안고 오시겠지.'

아침마다 싸리대문 밖에 나가 오지 않을 엄마 아빠를 무던히도 기다렸다. 숱한 밤들을 모래성을 쌓는 그런 희망으로 말이다.

어쩌다 낯선 여자가 동네에 보이면 난 어김없이 할머니께 달려가 엄마 같은 사람이 동네에 나타났다고 알렸다. 그러나 할머니는 내 말에 한 번도 반가워하는 기색을 보이지 않았다.

할머니는 엄마가 영원히 우리 곁으로 올 수 없는 곳으로 간 것을 알고 있는 눈치였지만 우리는 전혀 알아채지 못했다.

그러기를 5년이란 세월이 흘렀다. 나의 가슴속에 아로새겨졌던 풍선같이 크디 큰 기다림의 희망은 점차 바람이 빠지기 시작했다.

그 기다림이 허무하다는 것을 나는 일곱 살 무렵이 되어서야 알았다.

그렇다고 단념할 수도 포기할 수도 없었다. 열심히 공부하고 반듯하게 자라면 엄마는 반드시 우리를 찾아 올 것이라는 또 다른 희망을 가슴 속에 새겼다.

희망과 용기보다는 엄마를 만나야 한다는 꿈을 이루기 위해 열심히 공부해야 한다고 나 혼자만의 다짐을 몇 번이나 했는지 모른다.

나는 다른 아이들보다 한살 늦게 9살(당시는 8세 입학)이 되어서야 초등학교에 입학했다. 그런데 우리 남매들은 호적에 이름이 없었다. 부모는 물론 외할머니가 출생신고를 하지 않았던 것이다. 학교에 갈 수 없는 처지였다.

그러나 시대적 상황이 그러했듯 호적도 없는 나를 마을 이장님이 보증으로 입학을 시켜주었다. 이름은 그냥 집에서 불렀던 태면이었다.

성은 아빠 성을 따 김씨로 했다. 때문에 지금도 초등학교 친구들은 나를 태면이라 부른다.

다행히 유전자는 좋게 받았는지 비슷한 또래 아이들보다 덩치도 컸고, 키도 한 뼘이나 더 컸다. 친구들에게서는 젖살 냄새가 났지만 난 일찍 철이 들었는지 같은 반 또래보다 한참이나 어른스럽다는 얘기를 많이 들었다.

사실은 철이 든 것이 아니었다. 가난에 찌들어 그런 것이지 여전히 눈과 두 뼘 남짓 어린 가슴은 9살에 머물러 있었다.

좋은 것을 보면 갖고 싶었다. 내게 없는 것을 보면 나도 있었으면 좋겠다는 생각은 여느 아이들이나 다를 바가 없었다.

그런데 다른 것은 참을 수 있었지만 부러움과 창피는 몹시도 나를 괴롭혔다. 가난 때문에 나만 가질 수 없다는 것을 알면서도 나는 그 끈을 놓지 못했다.

나에게서 심심찮게 눈물을 흘리게 만든 부모 있는 아이들의 일상은 최고의 부러움 대상이었다. 너무도 부러워서 담벼락 구멍으로 친구 엄마가 내 친구에게 밥을 떠먹여주는 광경을 훔쳐보기까지 했다. 엄마 아빠의 등에 업혀가는 친구들을 보면 나도 모르게 눈물이 왈칵 쏟아졌다.

이런 부러움으로 인해 소풍 때가 되면 아예 가기조차 싫었다. 다른 친구들은 맛있는 음식 만들어 엄마 손잡고 떠나는 소풍길이지만 난 늘 혼자였기 때문이다.

운동회 때도 그랬다. 많은 엄마 아빠들의 응원소리 속에 우리 엄마 아빠의 목소리는 항상 들리지 않았다.

그래도 혹시 엄마가 나를 찾아오지는 않았을까 혼자서 운동장을 맴돌곤 했다. 그렇다고 찾을 수 있는 것도 아니었다. 한 번도 본적 없는 엄마 얼굴을 알 리 만무했기 때문이다.

200미터 달리기에서 중간쯤 돌다 부모님 이름 불러 손잡고 함께 달리는 경기가 있다.

난 누구보다 빨리 달려 1등을 하지만 번번이 상을 받지 못했다. 목이 터져라 불러도 대답 없을 엄마 아빠를 부르다 그냥 테이프를 끊었기 때문이다. 결국 실격처리 됐고 눈물을 글썽이며 자리로 돌아가야만 했다.

마치 소설 같고 영화 같은 이야기지만 너무도 부러워 뒷산 풀밭에 누워 몇 시간을 목 놓아 운 적도 여러 번이다.

얼굴도 모르는 엄마와, 어쩌다 나타났다 바람처럼 사라지는 못난 아빠를 그리워하면서…….

하지만 이런 모습을 친구들에게는 죽어도 보이기 싫었다. 때로는 입술을 깨물고, 때로는 맹물로 배를 채우더라도 기죽기는 싫었다.

그럴 때마다 나는 서울 간 엄마나 아빠가 돌아 올 거라는 나만의 희망 없는 주문을 걸었다. 보고픔과 그리움이 한주먹 밖에 안 되는 내 심장을 마구잡이로 흔들어대도 난 끄떡하지 않았다.

그즈음 또 다른 문제가 찾아왔다. 시커먼 광목 보자기에 책과 공책을 싸서 허리와 등짝에 질끈 메고 검정고무신을 손에 든 채 10리길 학교로 내달릴 때는 몰랐으나 거기에 도시락이 끼이면서부터는 달라졌다.

초등학교 3학년. 내가 메고 다니는 광목 보자기에는 책과 공책 외에도 도시락 하나가 더 자리 잡았다. 그런데 그 도시락이 문제였다. 엿장수에게 공짜로 얻은 것인지 허연 양은 도시락은 군데군데 부식되고 찌그러져 볼품이 없었다. 꾹꾹 눌러 담은 꽁보리밥 도시락 한쪽 귀퉁이에는 있어야 할 반찬통도 없었다. 그냥 한쪽 귀퉁이를 옆으로 밀어버린 공간에는 항상 시커먼 된장 한 순갈이 차지했다.

이렇듯 내 화려한 도시락 속의 꽁보리밥과 된장은 10리길 등 굣길에 책보자기 속에서 뒤숙박죽이 된 채로 점심시간 나를 반긴다.

친구들에게는 가장 즐거운 점심시간이었겠지만 나에겐 곤욕이었다. 그렇게 가난의 양식을 싸줄 수밖에 없는 외할머니의 처지를 알면서도 난 친구들 앞에 도시락을 꺼내기가 창피했다.

그나마 부식되고 찌그러진 도시락은 괜찮았지만, 꽁보리밥과 뒤범벅이 된 채 울부짖는 그 비빔밥 같은 모양이 정말 보기 싫었다.

그래도 너무 배가 고플 때면 어쩔 수 없었다. 먹어보려 도시락 뚜껑을 슬며시 열면 된장에 뒤범벅이 된 채 퉁퉁 불은 꽁보리밥은 시금털털한 냄새까지 풍겼다.

그럴 때마다 나는 도시락을 들고 슬며시 밖으로 나갔다. 그리

고는 우물가에서 도시락에 물을 부어 재빠르게 마시듯 먹는 것으로 나는 점심을 때우곤 했다.

다른 아이들은 하얀 쌀밥을 싸오기도 하고, 잘사는 아이들의 도시락엔 계란 프라이에 짭짜름한 콩자반이 반들거렸다. 이러니 내 도시락을 책상 위에 내놓기가 창피를 넘어 주눅이 들 수밖에 없었다.

학교를 마치고 집에 오는 길이면 수없이 내 뱉어 본 말이 있다.

"할머니, 제발 된장 반찬 그만 좀 담으세유."

그러나 집 앞에만 도착하면 차마 그 말을 외할머니께 할 수 없었다. 그럴 시간도 없었다. 10살 등짝엔 책보자기가 떨어져 나가기 바쁘게 지게가 걸려 있었다.

내 친구 지게

내가 학교를 다녀와 가장 먼저 하는 일이 지게 지고 나무하러 가는 것이었다. 그렇게 나무를 해와야만 저녁을 짓고 겨울에 군불 땔 땔감을 조금씩 마련해 둘 수 있기 때문이었다.

비록 동네 야산이긴 하지만 할머니 댁 산이 아니어서 생나무를 베어 올수는 없었다. 부러지거나 썩은 나무를 골라 지게로 져 나르는 것이 고작이었다. 그러다 보면 나도 모르게 산 능성을 넘어야 하는 때가 많았다.

땔감을 찾아 넘을 때는 모르지만 나무 실린 지게를 지고 다시 그 능성이를 넘어 올 때는 죽을 맛이었다.

그래도 나는 악착같았다. 힘에 부치지 않게 지고 오면 될 일인데 이왕에 한 나무라면 악을 쓰고 할머니 댁으로 져다 날랐다.

당시는 마을 대부분이 나무나 장작을 연료로 생활할 때라 지금처럼 나무가 지천에 널려 있는 것도 아니었다.

때문에 보이는 족족 지고 내려 올 수밖에 없었다. 그렇지 않으면 한 시간 이상 걸어 다른 산에 가서 나무를 해야 했기 때문이다.

친구들이 삼삼오오 동네 어귀에 모여 땅 따먹기, 딱지치기, 자치기, 벽돌치기를 즐길 때 난 산에서 낫질로 시간을 보냈다.

1960년대 지게꾼 소년의 모습(인터넷 캡처)

어쩌다 친구들과 같이 어울려 놀게 되면 그것이 천국이나 다름없었다.

난 덩치가 조금 커서인지 모든 놀이에서 항상 승률이 좋았다. 그러나 그것도 잠시 뿐이었다.

봄에도 산, 여름에도 산, 가을에도 산, 겨울에도 산, 어쩌면 학교보다 산에서 생활하는 시간이 더 많은 것 같았다. 적어도 일주일에 두 세 번은 나무를 해 와야 했다.

봄이면 파릇파릇한 풀잎에 벌러덩 누워 노래를 불렀고, 여름이면 풀피리 입에 물고 슬픈 멜로디만 흘러나오는 제목 없는 가락을 입이 부르터지도록 불어댔다. 그러다 가을이 오면 산 다람쥐 먹다 남긴 열매로 허기진 배를 채웠다.

이것이 모두 지게 없는 어린 날의 나만의 추억이라면 얼마나 좋을까. 모진 가난은 그렇게 나를 비켜가지 않은 채 겨울을 맞는다.

10살의 나를 가장 괴롭힌 겨울은 칼바람까지 더했다. 손끝 코끝이 터질 것 같은 겨울바람을 이기려고 난 낫질로 땀을 민들이 내야만 했다.

내가 어렸을 때는 겨울이 왜 그리도 추웠던지 지금 생각해도 어깨에서 한기가 느껴진다.

그 긴 겨울 내내 나는 바닥이 닳아 헤어질듯 한 검정고무신, 바늘로 숭숭 기워 찬바람이 드나드는 나일론 바지, 동네 형이 입다 건네준 잠바 하나를 걸친 채 산을 오르내렸다. 어린 가슴에 그것을 운명처럼 받아들이면서.

이런 생활의 반복에서 2년쯤 지나가자 난 조금씩 철이 들어가기 시작했다.

엄마 아빠의 그리움보다 외할머니에 대한 고마움이 내 가슴 한 쪽에 똬리를 트는 것을 느낄 수 있었다.

무엇인가 보답을 해보려 노력했지만 허약한 12살의 몸으로 딱히 할 것이 없었다. 공부라도 열심히 해야겠다고 마음먹었다. 하지만 막상 책을 끼고 앉아보니 그것도 쉽지 않았다.

공부할 환경이 아니기 때문이라고 변명하기도 싫었다. 나름대로는 책상 없는 방바닥에 엎드려 열심히 한다고 했을 뿐이다.

그래도 지쳐 쓰러져 자야 할 시간을 등잔불 밑에서 몇 글자 더 본 덕택인지는 몰라도 시험을 보고나면 항상 기대 이상이었다.

비록 받아 든 통지표에 수, 수, 수, 수로 도배된 1등은 아니지만 제법 상위권을 맴돌았다.

행동발달사항에도 가난의 흔적은 찾아 볼 수 없었다. 항상 깨끗하고, 이해심이 많고, 글 잘 쓰고 말 잘하는 배려 깊은 아이라는 칭찬이 끼어 있었다.

지금도 금고 속에 고이 간직하고 있는 그때의 통지표를 보면서 혼자서 쓴 웃음을 짓기도 한다.

이런 노력 덕분인지 나는 5학년에 올라가면서 반장이 되었다. 비록 1등은 아니지만 다방면에서 리더십을 발휘한다는 평가로 반장이 된 것이다. 거기에다 전교 학생회 간부까지 됐으니 남부러울 것이 없었다.

꿈이 부풀어졌다. 공부를 더 열심히 해서 대학까지 나온 후 꼭 면장이 되어야겠다고 다짐했다. 매번 쌀밥에 맛있는 도시락 반찬을 싸오는 면장 아들이 얼마나 부러웠으면 면장이 되려고 했겠는가. 지금 생각하니 웃음이 나온다.

지게를 지고 나무하러 다니던 산길을 걸어보는 필자

반장이라는 완장을 끼고 있을 때면 집에 가기 싫었다. 교무실에도 들락날락 할 수 있었고 친구들에게 폼도 잡을 수 있었기 때문이다. 더 신나는 것은 공부가 끝나고 집으로 돌아 갈 때쯤 아이들이 내가 어떤 놀이라도 하자고 하면 모두가 따라 주었던 것이다.

나는 그렇게 학교 운동장에 남아 공도 차고, 말뚝 박기도 하고, 오징어 놀이(땅에 오징어 모양을 그려놓고 두 패로 갈라 한 팀은 보물을 지키고, 다른 한 팀은 보물을 빼앗아 내는 놀이)로 해가 지는 줄 몰랐다.

그 즐거움 때문에 집에 가서는 외할머니에게 혼난 적이 한 두 번이 아니었다. 가끔은 회초리도 맞았다. 그러나 잔소리나 회초리는 겁나지 않았다.

그 즐거움이 내 인생에 지금도 유일한 즐거움으로 남아 있으니 오죽했겠는가.

집으로 가는 길, 난 다른 아이들보다 빨리 가야한다며 항상 먼저 내달렸다. 한참을 달려 뒤를 돌아보다 친구들이 안보이면 난 검정고무신을 손에 들고 맨발로 걸었다. 고무신 바닥이 낡아 헤지면 다시 살 돈이 없다고 생각했기 때문이다.

외할머니가 검정고무신을 바꿔주는 때는 그야말로 바닥에 구멍이 숭숭 나야 할 정도가 되어야 했다.

옆구리가 터지면 검정실로 꿰매서 신게 했다. 다른 친구들은 빨리 헤어져야 새 신발을 사준다며 시멘트 담벼락에 박박 문지르기도 했다. 하여간 기차표인지 홍화타이어표인지 그 당시 검정고무신은 정말로 질겼다.

외할머니 집 사정은 갈수록 어려워졌다. 조그만 밭떼기 하나로 여럿 식구 입에 풀칠하기가 더 힘들어졌다.

5학년까지 학교에 내는 월사금(공납금)을 한번도 제때 내보지 못한 내게 드디어 시련의 시간이 폭풍처럼 몰려오고 있었다.

월사금은 고사하고 준비물조차 마련하지 못하는 상황이 됐다.

입하나 줄이려고 서울로 간 큰누나

그때쯤 외할머니 댁에 이웃집 아주머니들이 들락날락 하는 횟수가 많아졌다. 무슨 영문인지 몰랐다.

하루는 담벼락에 기대어 하릴없이 멍하니 있는데 외할머니와 이웃집 아주머니가 툇마루에 앉아 주고받는 말을 듣게 되었다.

"그래. 어떻게 됐어."

할머니는 아주머니에게 보채듯 물었다.

"근데 할매……."

동네 아주머니는 뭔가 말을 하려다 머뭇거렸다.

그러자 외할머니가 다시 보챘다. 마치 무슨 부탁을 한 사람처럼 외할머니는 그 아주머니 앞으로 바짝 다가섰다.

"아니, 그 쪽에서 뭐라 하더노 빨리 말해 보라니께."

"네. 그쪽에서 둘은 안 되고 하나만 보내래유."

"그럼 하나는 안 되는겨?"

"안 되는 것이 아니고 쪼까 시간이 걸려야 하것시유."

나로서는 외할머니와 아주머니가 주고받는 말이 무엇인지 알 수 없었다.

"그람, 뭘 준비해야 하는겨?"

"준비가 뭐 있남유. 옷가지 몇 개 챙기면 되지유."

할머니는 뭔가 마음속에 작심한듯 아주머니의 손을 덥석 잡았다.

"워메 이렇게 고마울 수가."

"아니유, 그렇게라도 됐으니 다행이지유."

"그려, 어쨌던 하나 더 알아봐줘."

두 사람은 그렇게 몇 마디를 더 나누더니 헤어졌다.

동네 아주머니는 헤어지면서 3일 후에 올 테니 준비해두라고 하고는 대문을 빠져 나갔다.

"뭘까. 할머니가 뭘 주겠다는 것인데."

곰곰이 생각해 봤지만 딱히 외할머니 댁에 있는 것 치곤 남에게 줄만큼 값어치가 나가는 것이 없었다. 찌들고 녹슨 놋쇠그릇 몇 개 말고는 없었다.

궁금했지만 외할머니에게 직접 물어 볼 수가 없었다. 그러다 하루가 지나갔다. 몇 번이고 물어보려다 그만뒀다.

다음날 난 학교에서 집으로 일찍 돌아왔다. 재빠르게 나무 한 짐을 해놓고 방에서 자는 척 누워 있었다. 밖에서 방으로 들어오는 할머니 발자국 소리가 들렸다.

방문이 열리자 할머니는 내가 누워 있는 발쪽으로 오시더니 작은 박스 하나에서 하얀 광목 보자기를 꺼내 방바닥에 펼쳤다. 그리고는 큰 누나의 옷가지를 주섬주섬 싸고 계셨다.

나는 좌우로 한두 번 뒤척이다 잠에서 깬 듯 몸을 일으켜 세웠다.

"할머니 뭐하시는 거유?"

외할머니는 움찔 하더니 아무런 일이 아니라는 듯 계속 짐을 챙겼다.

"할머니. 누나 옷을 왜 보자기에 싸는거."

"응! 옷에 곰팡이가 펴서 빨려고 그려."

외할머니는 서둘러 둘러댔지만 나에게 거짓말을 하고 있었다. 마치 뭣에 들킨 듯 외할머니는 한두 번 나를 흘낏 쳐다보고는 이내 누나 옷 몇 가지를 보자기에 싸서 밖으로 나갔다.

뭔가 이상한 기운이 감돌았다. 며칠 전 외할머니와 동네 아주머니가 주고받은 말과, 누나 옷을 싼 보자기. 도무지 뭔지 몰랐다.

하지만 그 해답은 다음날 밝혀졌다. 동네 아주머니가 외할머니 댁으로 오는 날이었다.

나는 아침 일찍 일어났다. 그런데 큰 방에서 외할머니와 큰 누나가 흐느끼며 울고 있는 소리가 들렸다.

큰 방으로 달려갔다. 외할머니와 큰 누나 앞에는 어제 외할머니가 쌌던 옷 보따리가 놓여 있었다. 둘은 아무런 말없이 눈물만 흘리고 있었다. 왜 그러고 있냐고 물어보려는데 작은 누나가 방문을 열고 들어왔다.

작은 누나는 방안에 들어서자말자 큰 누나를 껴안고 가지 말라며 울음보를 터트렸다.

"언니야 가면 안 된다. 우리하고 살자."

작은 누나는 큰 누나 팔을 꼬~옥 잡고는 가지 말라고 울면서 매달렸다. 나는 작은누나가 왜 그러는지 정확히는 몰랐다. 그러나 큰 누나가 어디로 가는 것처럼 보여 나도 같이 작은 누나를 따라 가지 말라며 소매를 잡았다.

"이러면 안 돼. 누나는 서울로 돈 벌로 갈께. 조용히들 혀."

외할머니는 큰 누나에게 매달린 작은 누나와 나를 떼어 놓았다.

"이놈들아 누나라도 시울 가서 돈 벌어야 니네들이 배 안 곯고 편히 살 거 아닌게벼."

외할머니는 끝까지 큰 누나는 서울로 돈 벌러 간다고 우겨 댔다.

큰 누나와 작은누나의 울음소리가 더 커졌다. 둘은 외할머니 무릎에 얼굴을 묻고 엉엉 울었다. 마치 초상난 집처럼.

그러던 사이 밖에서 외할머니 댁을 찾아왔던 동네 아주머니의 목소리가 들렸다.

방문을 열어보니 아주머니는 어디를 가려는지 고운 한복을 입고 있었다.

외할머니와 우리는 모두 밖으로 나갔다. 할머니는 들고 있던 보자기를 큰 누나에게 건네고는 아주머니를 따라가라고 했다. 큰 누나 눈에서는 닭똥 같은 눈물이 뚝뚝 떨어졌다.

큰 누나 나이 17살. 초등학교를 나와 할머니를 대신해 부엌일을 도왔던 누나는 그렇게 아주머니를 따라 서울로 떠났다.

한동안 멍하니 누나의 뒷모습을 바라보던 나는 방으로 들어와 이불을 뒤집어쓰고 목이 터져라 울었다.

그 어린 가슴에도 누나의 힘없는 발걸음이 너무도 가슴 아팠다. 언제 보자는 약속도 못한 채 누나는 우리 곁을 떠나갔다.

아마도 외할머니는 서로 마주보고 앉아 배곯고 있는 것보다 차라리 우리남매가 머슴살이나 더부살이라도 나가야 한다고 생각했던 것 같다. 그래야만 배라도 안 곯고 살 것이기 때문이었다.

큰 누나는 1년이 넘도록 편지가 없었다. 돈을 벌려고 서울 간 것인데 일원 한 푼 보내오지 않았다. 편지를 쓰려고 해도 어디에 있는지 알 수 없었다.

데려다 주고 온 아주머니를 찾아가 주소를 물었지만 허사였다. 그 아주머니 역시 데려다 준 곳에서 다른 곳으로 갔을 것이라고만 했다.

　난 금방이라도 쏟아질 것 같은 서러운 울음을 참은 채 그 집을 나왔다. 며칠을 툇마루에 앉아 멍하니 밖을 쳐다보았다.

　넋을 잃은 사람마냥 멍청하게 있어도 외할머니는 왜 그러느냐고 묻지 않았다.

둘째 누나까지 서울로 가다

어느 덧 6학년이 됐다. 큰 누나가 떠난 이후부터는 학교를 가도 공부가 머리에 들어오지 않았다. 밥도 먹기 싫었다.

아침은 먹는 둥 마는 둥 도시락도 없이 학교를 오갔다. 배가 고프면 물 한 바가지로 배를 채웠다.

이런 내 모습을 담임선생님은 지켜보고 있었던 모양이다. 하루는 나를 교무실로 불렀다.

"너 요즘 도시락을 안 싸오는 것 같은데 집에 무슨 일이 있냐."

"아니요, 아무 일 없시유. 그냥 밥맛이 없어서 그러구만유."

"그래, 한참 자랄 나이에 굶으면 안 돼. 꽁보리밥이면 어때. 맛있게 먹어야지."

선생님 앞에서 죄지은 사람처럼 고개를 숙이고 있는데 나도 모르게 뜨거운 눈물 한 방울이 발등에 뚝 떨어졌다.

선생님께 들킬까봐 재빨리 옷자락으로 눈을 비비는 흉내를 했다.

"그래. 언제 니네 집에 한번 다녀와야 하것구먼."

"아니어유. 선생님 내일부터 도시락 꼭 가지고 오것구만유."

사실 도시락은 큰 누나 때문이 아니라 꽁보리밥에 된장으로 범벅이 된 바로 그 밥이 싫어서 안 싸오는 것이었다.

나는 선생님께 지킬 수 없는 약속을 하고 교무실을 나왔다.

그 순간 내 가슴 속에서 무엇인가 불쑥 치밀어 오르고 있었다. 이 가난을 떨쳐내지 않으면 우리 남매는 영원히 만나지 못할 것이란 생각이 들었다.

"빨리 어른이 되어서 돈을 많이 벌어야 한다."

돈이 없어 우리가 이렇게 고생한다고 생각하니 아직 어린 나이가 야속했다. 한순간에 어른이 되는 약이라도 있으면 마시고 싶었다.

이때부터 "돈을 많이 벌어야 한다"는 단어는 내 뇌리를 떠나지 않고 매일같이 맴돌았다.

큰 누나가 서울로 간지 1년이 넘어 가을이 찾아왔다. 풍년이면 뭐하고, 누른 들녘이 넘실거리면 뭐하는가. 나에겐 다 부질없는 것들이었다.

큰 누나의 소식이 많이도 궁금하던 차에 큰 누나를 데리고 서울로 갔던 아주머니가 또 다시 외할머니 댁으로 찾아왔다.

마치 기쁜 소식을 전해주려 오는 것 같았다. 난 벌떡 일어나 대문 밖으로 뛰어나가 아주머니에게 인사를 한 후 큰 누나의 소식부터 물었다.

"아줌마, 우리 큰 누나 소식 아남유. 서울에서 잘 있데유."

아주머니는 다소 귀찮다는 듯 나의 말에 대답도 하지 않고 다짜고짜 툇마루에 가 걸터앉았다.

"할머니. 여거 물 한잔만 주세유."

9월의 가을 날씨치곤 그날은 햇살이 따사로웠다. 조금만 힘주어 걸으면 땀이 날 정도였다.

부엌에 계시던 외할머니는 빈 그릇 하나를 들고 나와 단지속의 물을 서너 번 저어 물 한 사발을 떠 아주머니에게 건넸다.

아주머니는 단숨에 물 한 사발을 마시더니 외할머니에게 앉을 것을 권했다. 그리고는 나보고는 방에 들어가라고 했다.

"태면이는 어른 말 들어봐야 모르는 것인게. 방에 들어가거라."

두 사람이 그 자리서 무슨 말을 나누는지 직접 들어보고 싶었지만 아주머니 말씀대로 방으로 들어갔다. 너무 궁금했다. 그러나 밖으로 나갈 수가 없었다.

오줌 마려운 강아지 마냥 나는 방안에서 이리 왔다 저리 갔다 뱅뱅이를 돌았다.

꾀를 부렸다. 뒤안에 있는 장작을 팬다는 핑계를 대고 담벼락에 붙어 두 사람의 대화를 들어 보려는 속셈이었다.

살며시 문을 열고 밖으로 나왔다. 두 사람이 동시에 나를 쳐다보았다.

"할머니 뒤안에 있는 장작 좀 패 놓을게유."

시켜도 안할 것 같은 일을 스스로 한다고 하니 고마워서인지 만류하지 않았다.

"그려, 다치지 않게 잘 패야 혀."

"네."

검정고무신에 발이 끼인 듯 마는 듯 대충 신고는 뒤안으로 향했다. 그리고는 이내 담벼락에 기대어 섰다. 집이 크지 않다보니 두 사람의 대화는 충분히 들을 수 있었다.

"그래. 저번에 델꼬 간 큰 아이는 잘 있는겨."

"저도 소식이 닿지 않아 궁금했는데 가자말자 다른 집으로 보내져 지금 식모살이 잘하고 있다고 하는구만유."

아주머니 입에서 큰누나가 서울 간 후 남의 집에서 식모살이를 한다는 것이었다.

40   가난을 넘어, 죽음을 넘어
나의 인생, 나의 도전

당시는 시골에서 어렵게 자란 어린 여자아이들이 식모살이를 가는 것도 대단하다고 생각하던 시대다.

입에 풀칠하는 데에는 제격이라고 생각들 했기 때문이다.

그나마 다행이라는 생각이 들었다. 부잣집에서 맛있는 것 먹으면서 일하면 참 좋겠다는 생각을 했다.

얼마나 맛있는 음식이 부러웠으면 그런 생각을 했을까. 지금 생각해도 눈물이 핑 돈다.

"그란디, 가가 밥은 제대로 챙겨먹고 있는지 좀 알아보지 그랬능가."

외할머니는 식모가 문제가 아니라 큰 누나가 밥이나 제대로 챙겨먹고 있는지가 더 궁금했던 모양이다.

"그람유, 가가 간 집은 서울서 제법 부자라고 해유, 따뜻한 이밥 먹고 있을것이유."

순전히 아주머니의 추측이었다. 아주머니도 서울로 보낸 후에는 정확히 큰 누나가 어떻게 생활하고 있는지 모르는 것처럼 보였다.

"다행이네, 자네가 신경써준 덕에 이밥이라도 마음껏 먹는다니 다행이구만."

'이밥' 참 좋은 단어다. 꽁보리밥보다는 백배 천배 부러운 단어다. 그런 이밥을 매일같이 큰 누나가 먹고 있다니 부럽기도 했다.

두 사람의 대화는 계속 이어졌다. 혹시나 해서 난 도끼를 거꾸로 들고 나무를 힘껏 내리쳐 소리만으로 일을 하고 있는 것처럼 흉내 냈다. 효과음이 제대로 발산됐는지 외할머니는 전혀 눈치 채지 못했다.

"그려 가는 그렇다 치고, 우리 둘째 손녀는 뭐 소식이 없는겨."

할머니는 그 아주머니에게 둘째 누나도 어디로 보내기 위해 부탁을 한 것 같았다.

"할머니 부탁을 받고 여거 저거 소식을 넣었는디 오늘 한군데서 연락이 왔구만유."

"그래. 그긴 또 어디당가."

외할머니 얼굴에는 갑자기 밝은 빛이 감돌았다. 둘째누나가 일할 곳이 정해진 듯 아주머니의 말씀에 기뻐하는 듯 보였다.

"오늘 소식 온데도 서울이구만유."

"그람, 첫째 손녀하고 가까운겨."

"아니요, 그긴 서울 성북동이라고 하는디 내도 잘 몰라유, 서울부자들이 사는 동네라고 하더구만유."

"그람, 야는 어디로 가는겨."

서울에 가보지도 않은 외할머니가 마치 서울을 알고 있는 사람 마냥 물었다. 그러나 외할머니나 그 아주머니나 별반 다를 바 없었다.

아주머니도 서울을 잘 모르는데다 아는 만큼 설명을 해도 외할머니는 모르기 때문이다.

외할머니가 궁금해 하는 것은 부자동네냐 아니냐 하는 것이었다. 큰 누나는 부자동네라 안심을 하면서도 작은 누나는 정확하지 않으니 다그쳐 물을 수밖에 없었다.

"나가, 나중에 연락 오면 주소까지 전해 줄랑게. 둘째 손녀보고 맴 단단히 먹고 있으라 일러 주세유."

"그려, 소식 닿는 대로 좀 알려 주게나."

둘째누나가 가는 곳도 영락없는 남의 집 식모살이였다. 아주머니는 동네 여자 아이들을 서울로 식모살이를 보내는 사람이었다.

외할머니 심부름으로 읍내 갔던 작은 누나는 오후 3시쯤 돼서야 집으로 돌아왔다. 알고 보니 작은 누나에게 심부름 보낸 것도 외할머니 작전이었다.

지난해 큰 누나가 아주머니를 따라갈 때 그렇게도 울었던 작은 누나였기에 못 보도록 한 것이다.

그러나 나는 입이 근질근질 했다. 작은 누나에게 오늘 아주머니가 와서 누나도 서울 어느 집에 식모로 데려간다는 말을 해주고 싶었다.

저녁을 먹고 나서 할머니 방에 한참을 앉아 있다 내 방으로 왔다.

누나는 방바닥에 엎드린 채 공책 같은데 뭔가를 열심히 적고 있었다. 얼마나 열심인지 내가 방문을 열고 들어서도 몰랐다.

살금살금 다가가 머리위에서 넌지시 보니 큰 누나에게 편지를 쓰고 있었다.

순간 나는 작은 누나도 이미 자신이 서울로 식모살이를 떠나는 것을 알고 있다는 생각을 들었다.

'언니야, 잘 있제, 너무너무 보고 싶다. 어쩌면 내도 언니처럼 서울로 갈지 모른다. 거기서 언니라도 봤으면 너무너무 좋겠다…….'

작은 누나의 편지 곳곳에는 눈물 자욱이 선명히 드러나 있었다. 언니가 보고 싶어 작은 누나는 보낼 곳도 없는 편지를 매일같이 공책에 그렇게 적고 있었던 것이었다.

그 편지를 보는 순간 나도 눈물이 울컥 쏟아질 것 같았다.

입술을 깨물었다. 그러나 감정이 격해진 나머지 파르르 떨리는 얕은 흐느낌으로 울었다. 작은 누나도 울고 있었다.

작은 누나는 방문을 열 때부터 내 인기척을 알고 있었지만 굳이 편지 내용을 숨기려하지 않았다.

작은 누나는 이윽고 공책에 얼굴을 묻고 눈물을 쏟아냈다. 자신이 서울로 식모살이를 가는 것이 서러운 것이 아니라 언니와 내가 모두 헤어져야 한다는 것이 더 가슴이 아픈 것 같은 눈치였다.

"누나, 울지마랑게."

난 누나를 달랬다. 딱히 할 말도 없었다. 누나는 그렇게 한참을 울더니 몸을 일으켜 세웠다. 얼굴은 눈물로 범벅이 됐고, 눈은 빨갛게 충혈이 돼 있었다.

"태면아, 태면아!"

내 이름을 부르던 누나는 나를 붙잡고는 또 서러움의 눈물을 펑펑 쏟아냈다.

누나도 울고 나도 울었다. 마치 초상집 같았다. 하지만 외할머니는 모르는 척, 못들은 척 했다.

실컷 울도록 놔두는 듯 보였다. 짐작컨대 그날 외할머니도 건넛방에서 우리의 울음소리를 들으면서 눈물을 흘렸을 것으로 생각된다.

작은 누나와 나는 그렇게 몇 시간을 붙들고 울다가 쓰러져 잠이 들었다.

이게 우리 남매가 겪어야 할 불행이라면 이쯤에서 끝났으면 얼마나 좋았겠는가.

다음 날, 여느 때와 같이 동쪽에서 떠오르는 햇살 향기는 어김없이 내 방문 빈틈을 비집고 들어왔다.

얼마나 울었기에 눈은 퉁퉁 부어 있었다. 작은 누나도 다를 바 없었다. 우리는 서로를 보고 피식 웃었다.

작은 누나는 할머니를 도와 아침상을 차릴 생각이었는지 밖으로 나갔다. 나는 잠시 머뭇거리다. 작은 누나 공책을 펼쳤다.

헤어지면 편지조차 보낼 수 없는 큰 누나를 보면서 작은 누나 공책에 뭔가를 남겨야겠다는 생각이 불현듯 들었다.

'작은 누나, 이제 며칠 있으면 작은 누나도 서울로 가게 될 거야. 이밥 주는 집으로 식모살이를 떠난다고 들었는데 겁나지 않지. 어디 가 있던지 우리 서로 많이많이 생각해서 얼굴 잊어버리지 말자. 내가 빨리 커서 돈 많이 벌면 누나랑 막내랑 모두 같이 살자. 그때까지 아프지 말고 잘 살자. 알았제. 작은누나야……'

또 눈물이 나서 더 이상 글을 쓸 수 없었다. 하는 수 없이 공책을 덮었다. 그리고는 밖으로 나왔다.

얼른 고양이 세수를 하고는 부엌으로 갔다. 아침밥이 다 돼가고 있었다. 여전히 꽁보리밥에 된장국, 김치쪼가리다.

작은 누나도 며칠 후면 이런 반찬을 더 이상 먹지 않아도 된다고 생각하니 내가 기분이 좋아지는 것 같았다.

난 외할머니에게 뚱딴지같은 농담을 한 말씀 던졌다.

"할머니, 우리도 언제 이밥 한번 먹어봐유. 어떤 맛인지 좀 보게유."

외할머니는 되지도 않는 말을 하지 말라는 듯 묵묵부답이었다. 하얀 쌀 한 톨 없는 우리 집에서 이밥타령을 했으니 답변이 없는 것은 당연한 것이었다.

"이놈이 아침부터 실성을 혔는게벼. 그럴 시간 있으면 밥상이나 들고 방으로 들어가 어여. 이런 싱거운 놈 봤나."

난 뒷머리를 긁적이며 밥상을 들고 방으로 들어갔다. 비록 꽁보리밥에 된장이지만 우리는 맛있게 먹었다.

밥상을 물리고 나는 작은 누나를 도와 줄 생각에 같이 설거지를 하자고 했다. 그러자 작은 누나는 아무 말없이 그러자고 했다.

작은 누나는 빈 그릇을 쌀름박(쌀을 씻고 일어 건지는 용기로, 윗지름 30~70㎝, 깊이 15㎝, 바닥지름 15~20㎝정도이며, 안쪽엔 여러 줄의 골이 패여 있어 쌀과 돌 등 불순물을 분리시킬 때 효과적이다)에 담아왔다.

수세미는 볏집, 세제는 부엌 아궁이에서 퍼온 잿가루였다. 다소 물이 차가웠지만 우리 둘은 모처럼 재미있게 설거지를 끝냈다.

뽀득뽀득한 그릇을 쌀름박에 담아 일어서려는데 대문 넘어서

인기척이 들렸다. 벌떡 일어나 대문 쪽으로 바라보니 작은 누나를 데려 갈 아줌마가 성큼 성큼 다가오고 있었다.

순간 내 머리 속이 하얗게 돼 버렸다. 작은 누나와의 이별이 오늘이구나. 이것 외에는 아무 것도 생각나지 않았다.

나는 속으로 중얼거렸다.

"아! 올 것이 왔구나."

나는 재빨리 방으로 들어가 외할머니께 아주머니가 우리 집으로 오고 있음을 알렸다.

"할머니, 할머니, 어저께 그 아줌마 또 왔시유."

"그래야, 그 아줌마 오늘 오기로 한 것이 아닌디."

"하여간 우리 집으로 오고 있으니 함 나가봐유."

외할머니는 방문을 열고 툇마루에 서서 열심히 걸어오고 있는 아줌마를 바라보다 갑자기 우리 방으로 들어갔다. 그리고는 큰누나 보낼 때처럼 광목 보자기에 작은 누나 옷 몇 가지를 싸서 놓고는 다시 밖으로 나왔다.

아주머니가 대문 안으로 들어서자 외할머니는 왜 일찍 왔냐고 물었다.

"어이, 어짠일이여, 멋땜시 이렇게 일찍 와부렀당게."

"할머니, 일이 될랑게 생각보다 소식이 일찍 와부럿당게요."

"그람, 오늘 준비해서 떠나야 하능겨."

"그라지요. 자리가 났을 때 후딱 차고앉아야 항게요."

아주머니는 자신이 소개하는 자리도 경쟁이 심하니 지체할 이유가 없다는 식으로 설명을 했다.

외할머니도 그게 맞다 싶었는지 작은누나 보고 갈 준비를 하라고 했다.

작은 누나 얼굴은 일순간에 하얗게 돼버렸다. 마음속에 결심은 했겠지만 그 날이 바로 오늘이라는 것 때문인지 상기된 얼굴로 방으로 들어갔다.

　잠시 후 작은 누나는 큰 누나의 그때처럼 광목 보자기 하나를 들고 밖으로 나왔다. 이미 닭똥 같은 눈물이 흘러내리고 있었다.

　나는 얼른 뛰어가 작은 누나의 보따리를 들었다. 오늘은 내가 버스 타는데까지 바래다 줄 생각이었다.

　"야는 올 필요 없당게."

　아주머니는 내가 오는 것이 귀찮다는 듯 따라 나서지 못하게 했다.

　"아니유, 나가 누나 바래다 주고 올거구만요."

　나는 같이 가겠다고 버텼다. 내 고집을 못 꺾겠다고 생각했는지 외할머니와 아주머니는 같이 갈 것을 허락했다. 결국 셋이서 정류장까지 갈 수 있었다.

　작은 누나는 외할머니께 인사를 드리고 아주머니를 따라 대문을 나섰다.

　나는 작은 누나의 보따리를 가슴에 꼭 앉은 채 그 뒤를 졸졸 따라갔다. 작은 누나는 말없이 계속 울고 있었다.

　정류장까지 가는 길에 아주머니께서 몇 번이고 울지 말라고 했지만 작은 누나의 울음소리는 그치지 않았다. 오히려 더 크게 흐느꼈다.

　그렇게 걸어서 도착한 시외버스 정류장에는 보따리 든 사람들이 많이 보였다. 어떤 이는 아픔의 이별을 나누고, 어떤 이는 기쁨의 만남을 나눈다.

　한쪽 구석에선 우리처럼 가슴 아픈 이별을 하는 사람도 보인다. 그들은 그저 껴안고 말없이 눈물만 흘릴 뿐이다.

　이리저리 머리를 돌려 그런 광경들을 보고 있는데 아주머니가 우리보고 "여기 가만히 있으라"며 주머니를 주섬주섬 만지더니 표를 사는 쪽으로 갔다.

서울 가는 승차권을 끊으러 간 것이다. 그 순간 난 몇 번이고 "누나야. 우리 여기서 도망치자"고 말하고 싶었다. 그러나 막상 도망친다고 해도 뾰족한 방법이 없으니 입을 닫고 있을 수밖에 없었다.

결국엔 외할머니 댁으로 돌아갈 수밖에 없는 도망이라는 생각은 다 부질없는 것이었다.

잠시 후 표를 끊은 아주머니가 표 두 장을 오른손에 들고 우리 곁으로 왔다.

표에 적힌 시간을 보던 아주머니는 "조금만 기다리면 버스가 온다"고 하더니 작은 누나에게 화장실에 갔다 오라고 했다.

작은 누나는 가만히 앉아 눈물만 뚝뚝 흘리고 있을 뿐이었다. 난 작은 누나 옆에 앉아 왼손을 꼭 잡았다. 그리고는 힘을 주었다.

아무도 줄 것이 없으니 작은 힘이나마 전해주고 싶었다. 작은 누나의 손에는 힘이 없었다. 마치 돼지가 도살장에 끌려가는 듯 풀이 죽어 있었다.

내 어린 가슴도 쓰렸다. 어디로 뭣 때문에 가는지도 모른 채 서울로 끌려가듯 따라나선 작은 누나가 너무도 안쓰러웠다.

내 눈에서도 눈물이 쏟아졌다. 울지 않으려고 했지만 그게 쉽지 않았다.

몇 번을 훌쩍이다 이내 눈물을 감추고 개미 목소리로 작은 누나가 어디로 가는지 아주머니께 여쭤보았다.

"저, 아주머니. 우리 누나 서울로 가는 건가유."

"그렇당게, 서울에 가면 맛있는 밥 좋은 옷 입고 살겨."

아주머니는 그저 맛있는 밥 먹고, 좋은 옷 입는 것이 우리에게 모두인 것처럼 말하고 있었다.

"그라먼, 누나 서울 가면 무슨 일 한데유."

"아직은 모른당게."

"우리 누나 일하러 서울 가는 거 아닌갭네유."

"일하러 가긴 하는디, 그것도 가봐야 알 것이구만."

"혹시 공장에서 일하지 않남유."

"그것도 가봐야 안당께."

아주머니는 건성으로 대답했다. 작은 누나가 서울 가서 하게 될 일을 알고 있으면서도 가르쳐주지 않았다.

그러기를 약 10여분, 승차장 쪽으로 서울행 버스가 들어오고 있었다.

아주머니는 작은 누나의 보따리를 챙기면서 따라오라고 손짓했다. 나보고는 집으로 돌아가라며 버스에 올라탔다.

"누나야, 누나야. 걱정 말어. 나도 빨리 커서 서울 갈 것이구만."

누나는 되돌아보지도 않았다. 아주머니를 따라 버스에 올라탄 누나는 다행히 창 쪽에 앉았다.

나는 얼른 버스 옆으로 달려가 펄쩍 펄쩍 뛰면서 작은 누나가 앉아 있는 창문을 두드렸다. 작은 누나는 그저 멍하니 앞만 볼 뿐이다. 마치 정신 나간 사람처럼 눈물만 흘릴 뿐 나를 쳐다보지 않았다.

이윽고 시간이 됐는지 버스가 정류장을 빠져 나가기 위해 후진을 시작했다.

난 버스가 움직이는 방향으로 몸을 틀어 "누나야!" "누나야"를 목이 터져라 외쳤다.

버스가 전진을 위해 잠시 멈춰 섰을 때 작은 누나가 나를 바라보면 손을 흔들었다. 힘없이 흔드는 누나의 손을 바라보면서 나는 버스를 따라 온힘을 다해 뛰었다.

버스는 정류장을 빠져나와 큰 길로 들어서자 속도를 냈다. 나는 얼른 검정고무신을 손에 들고 누나가 보건 말건 그 버스를 따라 힘차게 달렸다.

발바닥이 아픈지, 돌부리에 발가락이 깨졌는지도 모른 채 나는 버스를 따라 오른 팔을 흔들며 뛰고 또 뛰었다.

버스 뒤를 휘감는 비포장도로의 뿌연 먼지가 눈을 따갑게 했지만 난 달리기를 멈추지 않았다. 눈물과 땀이 먼지와 뒤섞여 범벅이 됐다.

한참을 달렸을까 메쾌한 매연 냄새가 코끝에서 사라질 때쯤 버스도 눈에서 멀어졌다.

나는 그렇게 큰 누나에 이어 작은 누나와도 가슴쓰린 작별을 했다.

돌아오는 길은 너무도 황량했다. 마치 사막에 혼자 버려진 작은 고양이 새끼 같았다.

나는 큰 길을 마다하고 논둑길을 걸었다. 누런 벼가 탐스럽게 영글어 가고 있었다. 산과 들에는 단풍이 물들려고 하는지 온갖 형형색색의 자태를 뽐내기 시작했다.

벼 이삭 하나를 꺾었다. 입에 넣고 잘근잘근 씹었다. 그렇게 먹고 싶은 이밥이 되는 벼였기에 한없이 씹어댔다. 생각 같아서는 한 움큼 뜯어서 집에 가서 찐쌀이라도 만들어 먹고 싶었다. 그러나 우리 것이 아니기에 그렇게 할 수도 없었다.

이 생각 저 생각하며 걸어 와서 그런 것인지 한참을 걸려 집에 도착한 것 같았다. 대문을 열고 들어섰다.

"태면아, 어쩌. 누나는 서울로 잘 간겨."

"잘 갔시유."

할머니가 궁금했는지 누나가 서울로 잘 갔는지 물었다. 이래 저래 설명해주고 싶었지만 그 얘기가 그 얘기라 간단하게 대답하고 말았다.

6학년의 학교생활은 머리가 텅하니 비어 있는 듯 자꾸만 잡다한 생각이 앞섰다. 자꾸만 나를 질책하게 되고 가난에서 빨리 벗어나야 한다는 생각으로 꽉 채워지고 있었다.

　나에게도 사춘기가 찾아왔다. 걷잡을 수 없었다. 반항보다는 해방구를 찾고 싶었다.

　하루라도 빨리 이 동네에서 떠나고 싶었다. 5학년 때까지만 해도 상상도 할 수 없었던 답답한 가슴은 탈출이라는 실오라기를 잡으려 발버둥치고 있었다.

　그렇다고 누구에게라도 답답한 가슴을 털어 놓을 수가 없었다. 가슴앓이가 1년 내내 나를 짓눌렀다. 누나 둘이 서울로 떠난 뒤에는 더 심해지는 듯 했다.

　광활한 우주에 보이지도 않는 한 점 모래 알 같은 내 존재.

　내 삶, 내 인생의 존재 의미는 과연 어디서 찾아야 할까.

　내가 태어난 것은 내 자신의 의사와는 전혀 무관한 것인데. 내가 살아가는 것이 마치 운명이라는 수레바퀴에 떠 밀려만 가는 것 같았다. 마치 소크라테스처럼 말이다.

　그럴 때마다 내 가슴을 고동치게 만든 것은 "돈을 벌자"였다. 돈이 없이 서울로 팔려가듯 따라나서야만 했던 두 명의 누나, 나의 미래를 암흑처럼 만들고 있는 '돈'.

　나는 큰 결심을 할 수 밖에 없었다. 돈을 벌기위해 초등학교를 졸업하면 서울로 떠날 생각이었다.

　난 누구에게도 말하지 않은 채 이 같은 결심을 가슴 깊숙한 곳에 대못처럼 깊이 박았다.

　오로지 가난의 족쇄를 풀기위해서…….

제2장
청운의 꿈을 안고

초라한 추억의 훈장 '슬픈 졸업식'

월사금 낼 돈이 없어 몇 번이고 포기하려 했던 초등학교를 난 진짜 어렵게 졸업했다.

남들처럼 화려한 꽃다발에 엄마 아빠가 사주는 짜장면 한 그릇의 행복도 없었다. 가장 기뻐해야 할 졸업식에서 난 가장 초라한 추억의 훈장을 가슴에 또 하나 달았다.

쌀 두되, 돈 200원이 없어 수학여행을 못간 날의 아픔과, 초라한 졸업식이 안겨준 형상 없는 훈장을 난 지금도 버리지 못하고 있다. 아픈 추억도 추억이라서 그런지 좀처럼 내 머리와 가슴에서 빠져 나가지를 않는다.

학교 정문을 나서는데 뜨거운 눈물이 내 볼을 타고 흘러내렸다. 졸업에 대한 기쁨의 눈물이 아니라 너무도 힘들었던 6년의 초등학교 생활이 주마등처럼 흘러갔다.

내 어린 시절의 아픈 추억들이 고스란히 배어 있는 교실이며, 우물가며, 운동장, 이 모두가 그날은 참으로 쓸쓸해 보였다.

배고플 때 나에게 물이라도 배터지도록 마실 수 있도록 배려했던 우물, 눈물을 보이지 않으려고 무던히도 달려댔던 운동장, 찌그러진 도시락까지 가슴에 안아주었던 교실. 그 추억의 장소를 뒤로하고 난 정문 밖으로 발길을 하나 둘 옮겼다.

　찬바람이 윙윙 소리를 내며 바짝 말라버린 나뭇가지를 마구 흔들어댔다. 가끔씩 운동장 한복판에 회오리를 일으켜 먼지도 만들어 냈다. 내 눈 속에 멈춰선 초등학교 풍경은 을씨년스런 겨울을 그대로 받아들이고 있었다.

　정문을 나와 몇 발자국을 걸었을까. 집으로 향하던 발걸음을 멈춰 세웠다. 그리고는 몸을 돌려 정문에 걸린 '축 졸업'이라는 글자가 새겨진 현수막을 멍하니 바라보았다.

졸업식 때의 아픔을 회상하며 42년 만에 모교 정문 앞에 선 필자

카메라라도 있으면 그 앞에 서서 사진 한 장만 남겼으면 하는 생각이 꿀떡 같았다. 그러나 그것은 모래밭에서 동전을 찾는 것과 같은 것이었다.

그날 나는 그 현수막의 '축 졸업' 글자를 가슴속에 눈물로 아로 새겼다.

그 글자가 내 인생에 있어 단 한번 뿐인 고귀한 단어가 되리라고는 상상도 못했지만 어쨌거나 그것이 현실화 됐다.

학교에서 10리길 집으로 되돌아오는 길이 그날따라 멀고도 멀었다. 힘이 빠져버린 어깨가 다리를 짓눌러서 그런지 걷는 것조차 힘들었다.

힘없는 두 다리를 다 낡아 떨어질듯 한 검정고무신에 의지한 채 난 터벅터벅 비포장도로를 따라 걸었다.

머리가 복잡했다. 앞으로의 캄캄한 앞날보다 당장이 문제였다. 누나 둘이 서울 누구의 집인지도 모르는 곳으로 보내졌어도 외할머니 댁 사정은 별반 다를 바 없었기 때문이다.

여전히 꽁보리밥에 된장이 주 메뉴였을 뿐 조금도 달라진 것은 없었다.

어쩌면 외할머니를 위해 내 입까지 덜어줘야 할지도 모른다는 생각이 불현듯 뇌리를 스치고 지나갔다.

"그래, 학교가 문제가 아니야. 돈을 벌자."

열댓 살 어린 가슴을 돈이라는 마귀가 마구잡이로 흔들어 댔다. 어차피 집안 사정상 중학교 갈 형편도 안됐다. 솔직히 교복 맞출 돈조차 없는데 진학은 꿈도 꿀 수 없는 그림속의 떡이 맞았다.

"돈! 돈! 돈! 돈을 벌자."

그날 집으로 오는 길에 작은 누나를 떠나보낼 때 했던 '돈을 벌자'는 맹세를 또 다시 수백 번 다짐했다. 그런데 막상 돈을 벌자고 하니 그것도 마땅한 것이 없었다.

그 순간 4학년 때 담임을 맡았던 이창수 선생님의 말씀이 생각났다. 가끔 매도 맞았지만 선생님은 나를 가난한 집의 학생이 아닌 능력 있는 학생으로 인정해 주신 분이셨다.

"태면아! 가난은 충분히 극복할 수 있는 것이여."

당시는 겉치레 같았지만 막상 돈을 벌어야 한다고 생각하니 선생님의 말씀이 큰 용기가 되고 있었다.

선생님은 학교에 자전거로 출퇴근을 하셨다. 난 선생님을 만나기 위해 가끔은 출퇴근 시간에 맞춰 등하교를 했다. 선생님 자전거를 내가 뒤에서 직접 밀어드리기도 했다.

이런 시간들이 계속되면서 선생님께서 자전거를 끌고 가기보다 나와 같이 걸어가는 시간이 많아졌다. 선생님과 걸어 갈 때면 틈틈이 나에게 양식이 되는 말씀들을 많이 해주셨다.

선생님의 말씀 중에는 항상 용기와 도전이 들어 있었다. 또 어린 마음이 상처받을까봐 가난을 이야기 할 때도 "넌 극복할 수 있다"는 힘을 불어넣어 주셨다.

그 덕분인지는 몰라도 난 5학년에 올라가 반장까지 하지 않았나 생각한다. 내 꼴이 말이 아니었는지, 아니면 가난의 굴레를 벗어나게 해주고 싶었는지 하루는 선생님이 조심스럽게 나에게 말을 건넸다.

"태면아! 선생님 생각은 너가 기술을 배우면 큰 성공을 할 것 같은데 넌 어떻게 생각하는겨."

선생님의 갑작스런 기술 얘기에 난 조금은 당황했지만 "배워보겠습니다"라며 짧게 건성으로 답변하듯 했다.

선생님은 집안 사정상 내가 초등학교를 졸업하더라도 진학을 하기가 어렵겠다는 생각을 하신 것 같았다. 그 해결책이 기술이라고 생각해 나에게 넌지시 건네 본 것이었다.

당시는 정부가 경제개발 5개년 계획에 따라 공업입국을 내세울 때였다. 기술자가 대접받을 수 있는 사회적 분위기도 충만 돼 있었다.

"그래. 선생님 말씀이 맞아. 여기 깡촌에 있다가는 굶어 죽거나 머슴을 면치 못 할거구만."

집에 도착할 무렵 난 다시 한 번 다짐을 하고 대문을 열었다.

우물가에서 뭔가를 씻고 계신 외할머니가 보였다.

"할머니. 다녀왔시유."

인사를 건네자 외할머니는 힘든 허리를 펴시더니 나를 불렀다.

"태면아. 후딱 이리 와 보거라."

흐느적흐느적 할머니 앞으로 걸어갔다. 세숫대야 안에 뭔가가 있었다. 자세히 보니 고등어였다. 고등어 한 마리가 세토막이 난 채 소금이 뿌려져 있었다.

"우리 손주. 미안하구나, 할미가 졸업식에도 못 가구."

외할머니는 졸업식에 참석 못 한 미안함 때문에 장작 한 둥치와 고등어 한마리를 바꾼 모양이었다. 그렇게라도 손자인 나를 달래고 싶었던 것이다.

"어여, 후딱 씻고 들어가 금방 상 차릴랑게."

세수도 하기 싫었다. 찬물이라서가 아니라 솔직히 아무것도 하기 싫었다. 외할머니가 볼세라 대충 물만 묻히고는 방으로 들어갔다.

방바닥에 배를 깔고 엎드렸다. 곳곳이 찢어져 덧붙인 종이 장판을 멍하니 쳐다보았다. 찢어져 떼운 장판이나 내 처지나 너무도 닮아 보였다.

"이제 어쩌지. 어디 가서 돈을 벌지, 서울로 갈까. 차비는 어떻게 마련하지……."

잡다한 생각을 하고 있던 사이 밖에서 할머니 목소리가 들렸다.

"태면아. 어여 상 갖고 방으로 들어가랑께."

방문을 열고 나를 맞이하고 있는 저녁상을 보니 태어나 눈으로 보는 최고의 진수성찬 같았다. 여전히 꽁보리밥이긴 하지만 그 옆에 무를 넣어 지진 고등어가 먹음직스럽게 보였다.

외할머니와 막내여동생 그리고 나는 상에 둘러앉았다. 구수한 고등어 찜 냄새가 코끝을 자극했다.

외할머니는 여동생과 나에게 한 토막씩 얹어 주었다. 그리고는 우리 남매에게 "모자라면 할미 것도 먹어."라고 하셨다.

욕심 같아서는 외할머니 것까지 먹어도 성이 찰 것 같지 않았지만 난 한 토막으로 저녁 식사를 끝냈다.

임금님 수라상이 부럽지 않았다. 너무도 오랜만에 진수성찬을 먹어서 위장이 놀랬는지 '꺼~억' 하는 소리를 밖으로 내뱉었다.

열다섯 살짜리 머슴

행복한 저녁식사를 끝낸 후 난 내방으로 돌아왔다. 또 다시 어떻게 하면 돈을 벌 수 있는지 고민에 빠졌다.

그때 안방에서 외할머니가 다시 나를 불렀다. 식사 때 말씀이 없다가, 이내 나를 부르는 것이라 이상하다는 생각을 하며 안방으로 건너갔다.

"할머니. 저 찾으셨어유."

"그래. 내가 불렀다. 거기 쪼까 앉아봐."

외할머니는 내가 앉자. 묵직한 목소리로 말을 꺼내셨다.

"그래. 이제 국민핵교도 졸업 했응게. 돈벌이를 해야 안 써것능가."

"뭘하면 돈을 벌 수 있는지 할머니가 아남유."

"그럼. 알고 말고, 근디 너가 할 수 있는 일은 남의 집 머슴밖에 없을건디."

예상대로였다. 깡촌인지라 잘사는 집 머슴일 외는 딱히 돈이 될 만한 일은 없었다.

수긍을 하려다 그냥 고개를 푹 떨구고 있었다. 그러자 외할머니는 머슴은 배 골지 않는 데에는 최고라며 당장 해볼 것을 권

가난을 넘어, 죽음을 넘어
나의 인생, 나의 도전

유했다.

"해볼겨, 안 해볼겨."

외할머니는 다그치듯 내 의사를 물었다. 그런데 막상 하겠다고 하려니 동네서 머슴 두고 살만한 부잣집이 손에 꼽을 정도여서 대충 눈치 챌 수 있었다.

"해보긴 하겠는데 그게 누구집이래유."

아니었으면 좋았을 텐데 하필이면 동창 집이었다.

"할머니. 그긴 저 동창집인데 거그서는 일하기 싫구만유."

"알았다, 그럼 내일 할미가 몇 집 더 가보고 너 동창집이 아닌 곳으로 알아봐 줄게."

외할머니는 내가 있는 쪽으로 엉덩이를 두서너 번 밀치시더니 내 손을 잡았다. 할머니 눈에서는 금방 떨어질 듯 눈물 한 방울이 매달려 있었다.

"태면아, 누나들도 서울로 돈 벌로 갔응게, 니가 여거서 머슴일 하면서 입에 풀칠만 하면 나중에 누나들이 데리러 올 거 아니여."

외할머니의 누나 얘기에 불현 듯 서울 간 누나들이 어디서 어떻게 살고 있는지 궁금해졌다.

"할머니. 진짜 누나들은 서울 가서 취직이 됐데유."

"그려, 데려다 준 아줌마께 물어봉께 잘 있다는구만."

"어떤 공장에 취직했데유."

"무슨 공장인지는 잘 모르것고, 하여간 잘 있당게 쪼까 기다려보더라고."

외할머니도 제대로 모르고 있는 눈치였다. 일단 외할머니 말씀이 잘 있다고 하니 그렇게 믿을 수밖에 없었다.

머슴살이를 하겠다고 결정 한 후 난 외할머니 방을 빠져나와 마딩으로 걸어 내려갔다.

밤바람은 차가웠다. 그러나 가슴 속으로 타오르는 뭔가가 그 바람을 뜨겁게 데울 만큼 강렬하게 나를 감싸 앉았다. 두 주먹을 불끈 쥐었다.

"그래, 1년만 고생하면 서울 갈 차비는 마련할 수 있을 거야. 그때까지 이를 악물고 머슴살이를 하는 거야."

내 신세가 처량했다. 다른 아이들은 중학교 간다고 마음이 들떠 있을 터인데 나만 머슴살이라니. 15살의 처량함은 한동안 마당 한가운데 나를 잡아 두었다.

밤새 뒤척이다가 잠에서 깨어났다. 딱히 할 일도 없었다.

아침을 먹는 둥 마는 둥 끝내고 잠바를 걸쳐 입고 뒤안으로 가 습관대로 지게를 어깨에 걸쳤다.

외할머니를 위해 머슴살이 가기 전에 나무라도 좀 많이 비축해주고 싶었다.

앞마당으로 나가려는데 할머니가 부엌문을 삐걱 열더니 지게를 내려놓으라고 하셨다.

"조금 있으면 무슨 소식이 올경게. 지게 내려놓고 집에 있으랑게."

외할머니는 새벽같이 어디를 다녀오신 것 같았다. 외할머니 말씀으로 보아서는 오늘 중으로 누군가 무슨 답을 가지고 오실 것처럼 보였다.

난 외할머니가 시키는 대로 지게를 내려놓고 빗자루를 갖고 와 마당을 깨끗이 쓸었다. 그리고는 뒤안에서 도끼를 들고 큼직한 나무들을 하나씩 쪼갰다.

잠시 허리를 들어 빼곡히 쌓여진 나뭇단을 보니 나도 참 부지런히 나무를 모았구나 하는 생각이 들었다.

그 나무들 모두가 지난 몇 년간 내 작은 어깨에 업혀 온 것들이기 때문이다.

머슴살이를 떠날 생각에 난 대충 쌓여 있는 나무들을 외할머니가 손쉽게 꺼내 쓸 수 있도록 다시 정리했다. 그렇게 해주고 싶었다.

　점심때가 다 돼서야 어떤 형뻘 정도 돼 보이는 사람이 집에 찾아 왔다.

　외할머니는 재빠르게 점심상을 차렸다. 그제 먹던 고등어 밥상이 그리운 초라한 밥상이었지만 우리는 그 사람과 함께 점심을 먹었다.

　밥상을 물리자 외할머니가 다그치듯 물었다.

　"그래. 주인어른과 야거는 잘된겨."

　"예, 받아 주시겠다고 하구만유."

　외할머니는 나를 바라보시더니 마치 대기업에 취직한 것처럼 생각됐는지 신나 하셨다.

유년시절 머슴살이를 했던 삼장집을 둘러보는 필자. 지금은 집터만 남아 있다.

"태면아, 재 넘어 삼장집에서 너를 받아 주실 것 같구먼."

내가 할 일이 궁금했다. 형 같은 사람에게 어떤 일을 하는지 물었다.

"아제, 거기 가면 내가 무슨 일을 하남유."

"그 집은 큰 농사를 지으니 농사일도 거들고 아니면 주인집에서 시키는 일만 하면 될겨."

그 아제의 말만 들어보면 지게가 친구인 나로서는 그다지 힘든 일은 아닌 듯 했다. 다만 큰 농사일을 해보지 않아 얼마나 힘든지만 모를 뿐이었다.

"할머니. 그럼 그 집에 언제쯤 저가 가유."

"지금 저 형 따라 가던가. 아님 내일 가면 될겨."

그때 형은 내일 당장 입을 옷 몇 가지 챙겨서 오면 될 거라며 대문을 나섰다.

다음날 외할머니를 따라 머슴살이 집으로 나서기 위해 나는 몇 가지 옷들을 보따리에 싸매 들고 일찌감치 마당에 나왔다. 때맞춰 외할머니도 방을 나서고 계셨다.

외할머니는 집에서 삼장집까지는 멀지 않다고 했다.

막내 여동생만 집에 남긴 채 뒤돌아서려는데 울음소리가 들렸다. 여동생이 혼자 남는 것이 무서워서인지, 아니면 오빠와 헤어지는 것이 슬퍼서인지 하여간 엉엉 울기 시작했다.

나는 몇 발 뛰어가 막내 여동생을 껴안았다. 그리고 등을 토닥여 주었다.

"울지 말어, 오빠가 요넘에 삼장집에 가서 일 열심히 해서 돈 벌면 맛있는 것 사갖고 올거구만."

"싫어 싫단 말이야, 언니도 오빠도 다 가버리면 난 누구하고 살어."

"바보야, 할머니가 있는데 뭐가 걱정이여."

가난을 넘어, 죽음을 넘어
나의 인생, 나의 도전

울고불고하는 남매를 보노라니 할머니도 딱했는지 둘을 뜯어 말렸다. 막내 여동생도 외할머니가 뜯어 말리자 이내 울음을 그쳤다.

"오빠, 잘 댕겨와. 그리고 맛있는 것 꼭 사와."

막내는 눈물이 그렁그렁 한 채 서서 곳곳에 때 묻은 작은 손을 흔들었다.

"알았어, 얼마 안 걸리니 그때까지 잘 있어랑게, 알았지."

막내는 소리 없이 고개를 끄덕였다.

외할머니를 따라 부지런히 걸어 삼장집에 도착했다.

역시 소문난 부잣집이었다. 집도 큼직했지만 대문 안쪽으로 나와 비슷한 처지의 머슴이 몇 더 있어 보였다. 20대 형도 보이고, 40~50대 정도의 나이가 있는 아저씨뻘들도 보였다.

이중 한명이 외할머니와 나를 주인이 있는 곳으로 안내했다. 우리를 맞아주는 주인아저씨는 60대 중반쯤의 참으로 온화한 분이셨다. 온화한 성품답게 말씀도 차분하게 하셨다.

"어르신. 손주 녀석 데리고 오시느라 고생 많이 하셨습니다."

"아이구! 별말씀을요."

"그런데 예가 이제 갓 초등학교 졸업한 아이인가요?"

"예, 그렇구만유."

"다른 뜻은 없습니다. 생각보다 덩치가 커 보여서 드리는 말씀입니다."

주인아저씨는 내가 초등학교 졸업한 코흘리개쯤으로 생각했던 모양인데 내심 내 덩치에 놀라는 눈치였다. 사실 당시 내 덩치는 중학교 3학년에 버금갈 정도로 다부졌다.

지금의 몸이 당시의 덩치와 별반 차이나지 않은데다 힘까지 좋았으니 내가 생각해도 1등 머슴 감이었다.

아마도 어릴 때 제대로 먹고 힘든 일 안하고 자랐으면 한 덩치

했을 것이라는 생각이다.

"자, 그럼 철없는 손주 맡겨두고 갈테니 잘 부탁드리것습니다."

외할머니는 떠날 준비를 하시면서 주인에게 인사말을 건넸다.

"너무 큰 걱정하지 마십시오. 내 자식처럼 생각하도록 하겠습니다."

"자, 그럼 수고 하시유, 그럼 이만 가볼라요."

외할머니는 내 어깨를 몇 번 툭툭 치시며 "주인어른 눈에 안나게 열심히 일해야 혀."하시면서 대문을 빠져 나가셨다.

"이봐 김씨!"

주인아저씨가 좀 전에 우리를 안내했던 그 아저씨를 불렀다. 그 아저씨는 종종 걸음으로 달려왔다.

"예! 주인어른."

아저씨는 철저하게 머슴으로 길들여졌는지 연신 머리를 조아리며 주인아저씨의 명을 기다리고 있었다.

"이 아이 오늘부터 우리 집에서 일할 아이니 잘 보살펴 주시고 잠 잘 방 데려다 주게나."

난 그 아저씨를 따라 본체 옆에 붙은 사랑채 같은 곳으로 갔다.

"자, 여거가 너가 앞으로 잠잘 곳이구만."

방문을 열어 보이는데 누군가 방을 쓰고 있는 것 같았다.

"저! 아저씨 여긴 누가 쓰는 방인 것 같은데유."

"응, 그 방은 너하고, 아까 나와 같이 일하고 있던 형이 같이 사용하게 될 것이여."

보따리를 내려놓기 위해 방으로 들어가니 꾸리한 냄새가 났다. 그러나 벽지나 장판은 외할머니 집보다 훨씬 더 좋았다.

잠시 들러보는데 아저씨가 나오라는 손짓을 했다. 밖으로 나온

가난을 넘어, 죽음을 넘어
나의 인생, 나의 도전

나는 아저씨에 이끌려 인삼밭으로 갔다. 진짜 큰 인삼밭이었다.

아저씨는 앞으로 인삼 밭일을 집중적으로 할 것이며, 간간히 다른 농사일도 해야 한다고 일러주었다.

"아저씨 저는 인삼밭 일을 한 번도 안 해봤는데……."

"신경 쓰지 말어. 별로 어려운 것도 없어. 방 같이 쓰는 형이나 내가 시키는 일만 잘하면 될 것이여."

찬바람이 거센 늦가을부터 겨울 내내 난 아저씨들이 시키는 허드렛일을 주로 했다.

마당을 쓸라면 마당을 쓸고, 통시를 푸라면 통시를 펐고, 땅을 파라면 또 땅을 팠다. 또 밭에 거름을 지게로 져 나르기도 하는 등 열심히 일만 했다.

어느 듯 3월이 왔다. 산골지역은 아직도 찬 기운이 남아 있지만 봄기운을 완연히 느끼기에는 충분했다. 냉이와 달래가 이미 무성해지기 시작했다.

겨우내 동안 추위에 움츠리고 있었었던 파는 생기를 위로 밀어 올리며 새로운 싹을 자랑하기 시작했다. 풀피리를 만들어 부는 나무는 멀리서 보아도 푸르스름한 빛깔을 내며 막 망울을 틔우기 직전에 이르렀다.

인삼밭도 봄이 오면 일손이 바빠진다. 다른 재배 농산물과는 다르게 기초공사가 많이 필요했다.

망가진 거푸집을 새로 고쳐 주어야하고 땅이 녹기 시작하면서 잠자고 있던 병충들에게서 인삼을 보호하기 위한 작업들도 함께 진행됐다.

그런데 망가진 삼밭을 보수하는 작업만큼 사람을 피곤하게 만드는 것은 없었다. 겉은 녹아 내려 질척거리는 흙과 속은 아직까지 전부 녹지 않아 새로이 말뚝을 박아야 하는 곳에서는 큰 고생을 해야만 했다.

아저씨들은 이때가 가장 힘들 때라고 말했다. 때문에 인삼밭의 작업 중에서도 봄에 하는 작업은 큰일에 속한다. 박아놓은 지주목에 끈을 묶는 것도 쉬운 일은 아니었다.

그런데 아저씨들과 형은 오랫동안 해서인지 속도가 장난이 아니었다. 나는 처음 하는 일이라 주로 시키는 일을 하는 정도였다. 지주목을 갖고 오라면 지게로 져다주고, 끈을 가져 오라면 가져다주는 그나마 쉬운 일들이었다.

하지만 저녁이 되면 녹초가 되기는 마찬가지였다. 저녁을 먹고 나서도 몇 가지 허드렛일이 끝나야 잠에 빠질 수 있었다. 닥치는 대로 일을 해야 하는 처지라 여간 바쁜 것이 아니었다.

그래도 며칠 만에 나는 아저씨들이랑 형으로부터 일 잘한다는 평가를 받았다. 모두 다 어릴 때부터 친구처럼 내 어깨에 달라붙어 다녔던 지게 때문이었다.

주인집에는 머슴살이를 하는 사람이 네 명이나 됐다. 부엌에서 일하는 식모도 두 명이나 있었다. 모두 좋은 사람들이었다.

돈이 없고 가난한 집에서 태어난 것 때문에 머슴살이와 식모를 하는 것이지 마음만은 천사 같았다.

일을 가르쳐 주는 형이 내가 힘들어 할 때면 안쓰러운지 내 일을 거들어주기도 했다. 부엌에서 일하는 아주머니들은 항상 배고프겠다면서 나에게 밥을 듬뿍 듬뿍 퍼 주었다.

진짜 머슴을 하는 동안 이밥은 아니지만 보리밥은 배터지게 먹을 수 있었다. 반찬도 이것저것 맛있는 것들이 꽤나 많았다.

먹고 자는 것이 행복해지니 다른 생각은 없었다. 어떻게든 돈을 모아 서울만 가면 된다는 생각뿐이었다.

4월경이 되자 본격적인 논농사가 시작됐다. 이때 머슴들은 소금물 비중으로 가려낸 튼실한 볍씨를 모판에 뿌리는 일을 한다. 그리고 나서 모판을 못자리 논에 옮겨와 모를 키우기 시작한다.

가난을 넘어, 죽음을 넘어
나의 인생, 나의 도전

그러는 사이 논에다가는 거름을 내고, 쟁기로 갈아엎는다.

모든 농사일이 그러하듯 쉴 틈이 없다. 곳곳이 손이 필요하고 정성을 쏟지 않으면 결과도 좋지 않았다.

나는 지게질을 잘한다고 생각했는지 아저씨들이 주로 지게로 나르는 일을 시켰다. 논에다 거름을 낼 때도 나는 지게로 져 날랐다. 거름은 무게는 얼마 안 나가지만 푹푹 찌는 듯한 열기와 냄새는 머리를 멍하게 만들었다.

주인집이 경작하고 있는 농사는 인삼농사 외에도 논농사가 수십 마지기에 이르렀다.

오죽했으면 동네서 천석꾼집이라는 소문이 났겠는가. 그 큰 농사를 몇 명이서 모두 해야 했으니 머슴들이 얼마나 힘든 생활을 하는지 안 해본 사람들은 잘 모른다.

머슴들은 일이 힘들다고 당장 때려치우고 다른 일을 할 수 있는 처지도 아니었다. 때문에 아저씨들이나 형은 머슴 일을 운명처럼 받아들이고 있었다. 아예 체질화 돼 버렸다.

하지만 나는 그렇지 못했다. 열댓 살 혈기는 왕성했지만 요령이 없다보니 힘만 배로 들었다. 그러다 보니 일이 끝나는 시간이면 나는 항상 녹초가 되다시피 했다.

저녁마다 신음하듯 잠자리에 들었다. 잠자는 내 모습이 얼마나 불쌍했던지 같이 머슴살이를 하는 형은 항상 나를 다독거려 주었다. 그리고 따뜻한 말도 매일같이 해주었다.

"태면아, 나도 너 나이 비슷할 때부터 이 짓을 했구먼. 처음엔 힘들겠지만 이 일도 몇 년 하면 익숙해져부러."

형은 내가 머슴살이를 죽을 때까지 해야 하는 직업처럼 생각했던 모양이었다. 그러나 내 가슴 속에는 서울 갈 차비만 마련되면 그날부로 머슴을 때려치우겠다고 마음먹고 있었다.

5월이 됐다. 못자리에서는 어린모가 아직 다 가시지 않은 이른 봄추위를 견디며 튼튼하게 자라고 있었다.

나는 아저씨와 형과 함께 6월 초에 해야 할 모내기를 위해 부지런히 모심을 준비를 서둘렀다.

논에 물을 깊이 대기 위해 논두렁을 높게 바르는 일, 논에 물을 대는 일, 쟁기로 논을 갈아엎는 일, 써래를 이용해 논을 써리는 일, 쉬운 것이 없었다. 이런 일을 하면서 나는 파김치가 돼도 웃음만은 잃지 않았다. 그래야만 일은 조금 못해 보여도 부지런하고 착하다는 말을 들을 수 있기 때문이었다.

어느 날 잠시 짬을 내 나무 그늘에서 형과 쉬고 있을 때였다. 형이 난데없이 나에게 1년에 세경(농가에서, 한 해 동안 일을 한 대가로 머슴에게 주는 돈이나 물건)을 얼마나 받기로 했는지 물었다.

"태면아, 너 여기 올 때 세경 얼마나 준다고 하더냐?"

"형, 세경이 뭐예유."

난 솔직히 세경이 뭔지도 몰랐지만, 1년에 주인이 얼마나 주는지 모르고 있었다. 단순히 외할머니와 주인집이 무슨 말을 했을 것이라 짐작만 할 뿐이었다.

"세경은 품삯을 말하는디, 우리가 1년 동안 일하고 받는 것이 얼마냐 하는 것이여."

"형, 솔직히 난 그것 모르는디……."

"왜, 처음 데려 왔을 때 주인어른이 어떻게 주겠다고 얘기했을건디."

"아니요, 난 들어보지도 못했시유."

"그렇구나."

형은 잠시 머뭇하더니 자신이 받는 것을 예로 설명해 주었다.

"형이 생각할 때 너 같으면 1년에 쌀 두 세가마니 정도 줄거구만."

나는 형의 말에 깜짝 놀랐다. 열 댓 살이 될 때가지 이밥 한번 못 먹어봤는데 나락도 아닌 쌀을 세가마니 정도 준다니 눈이 휘둥그래졌다.

"세~가~마니를 유!"

나는 입을 쩍 벌린 채 형의 말에 감동을 먹은 듯 바라보았다. 형은 당연하다는 듯 말했다.

1년 치 세경이고 뭐고 간에 일단 1년 일하면 쌀을 세가마니나 준다고 하니 너무 기뻤다.

쌀이 세가마니라면 밥을 얼마나 먹을 수 있을지 상상이 안됐다. 말만 들어도 부자가 되는 것 같았다. 가장 먼저 막내 여동생에게 쌀밥을 먹이고 싶은 마음에 심장이 마구 뛰었다.

무엇보다 잘만하면 1년 열심히 일해 번 돈으로 서울을 갈 수 있다고 생각하니 신이 났다. 그날 형의 말을 듣고 기분이 좋아 어떻게 나머지 일을 했는지 조금도 피곤하지 않았다.

콧노래도 흥얼흥얼 흘러나왔다. 이런 내 모습을 멀리서 지켜보던 장씨 아저씨가 한마디 던졌다.

"어이! 태면이 뭐 좋은 일 생겼는가벼."

"아니유, 오늘은 왠지 기분이 좋네유."

"그려, 아무리 일이 힘들어도 웃으며 하면 덜 힘들어. 내 경험이여."

장씨 아저씨도 나 같은 처지였다. 어려서 부모에게 버림받고 배우지 못해서 머슴을 한다고 했다.

사실 여기서 머슴살이를 하는 사람들은 너 나 할 것 없이 모두가 같은 처지였다. 다 같은 어린 시절의 아픈 추억을 갖고 있었다. 그나마 나는 조금 나은 편이었다. 초등학교 문턱이라도 넘어 글자라도 알 정도였으니 무학인 아저씨들이 보기엔 대단한 사람이었다.

아저씨들은 비료포대나 농약병에 쓰여 있는 글씨조차 못 읽는다, 하지만 오랫동안 한 일이어서 모양으로 대충 때려잡고 한다. 그러나 내가 가면서부디 사소한 글자는 모두 읽어주니 한결 편한 것같이 보였다.

어김없이 6월이 찾아왔다. 우리는 논을 평평하게 만들어서 모심을 준비를 모두 마쳐놓았다. 그리고는 동네사람들 여럿을 불렀다. 시골에서의 모심기는 동네사람들이 품앗이처럼 돌아가면서 심기도 하지만 주인집은 달랐다.

모심기에 동원된 동네사람들은 20여명 모두 품삯을 주기로 하고 모서온 사람들이다. 이렇게 많은 사람이 동원되어도 넉넉 잡아 3~4일은 심어야 했으니 그 크기가 어느 정도인지 짐작할 것이다.

모심기 날에는 음식이 더 풍부해진다. 따뜻한 밥에 푸짐한 반찬을 논으로 날라 와 모두가 둘러앉아 맛있게 먹는다. 막걸리도 빠지지 않는다.

난 4일 동안 줄 곳 모심기 줄을 잡았다. 처음엔 쉬워 보였지만 이틀이 지나니 허리조차 펴지 못할 정도로 힘들었다. 잘못 잡아 당기다 논바닥에 처박힌 일도 있었다.

동네 아줌마들은 재미있다는 듯 깔깔 웃었다. 마치 물에 빠진 생쥐마냥 후다닥하면 일어나는 내 모습은 모심기로 지친 동네 아주머니들의 엔돌핀 같은 영양소가 되고 있었다.

그러나 그 모습을 한사람은 측은하게 보고 있었다. 못단을 던져주던 형이 내게로 왔다. 그리고는 자신이 못줄을 잡을 것이니 나보고는 못단을 던져주라고 했다.

따져보니 그게 쉬울 것 같았다. 논둑에 있는 못단을 집어 들고 아주머니들이 쉽게 모내기를 할 수 있도록 적당한 위치에 던져주기만 하면 되는 것이었다.

고마웠다. 나보다 자기가 더 험한 일을 하겠다며 자청해주는 형이 너무도 고마웠다. 진짜 친형 같다는 생각을 많이 했다.

나는 부모에게 버림 받은 고아 같은 아이였고 불행하게도 형도 없었다. 그러다 보니 그 형을 따를 수밖에 없었다. 수시로 말을 걸었고, 형에게 잘 보이기 위해 몸이 부서져라 일을 했다.

하루는 저녁을 먹고 마당에 놓여 있는 평상에 둘이 앉았다. 둘은 나란히 앉아서 시원한 밤바람을 쐬고 있었다.

형이 말을 걸어왔다.

"아버지는 뭐하시는 분이여?"

갑자기 아버지를 묻는 형에게 마땅히 답을 줄 것이 없었다.

"형, 나 아버지 없시유."

애써 둘러댔다. 아버지가 있다고 하면 말이 길어질 것 같아 없다고 말해버렸다.

"그럼 아버지가 일찍 돌아가셨나보구먼."

"예, 기억에 없시유."

형은 내 머리를 쓰다듬으며 자신도 같은 처지라고 했다.

"나는 말이여……."

형은 아무렇지 않게 자신이 머슴을 살러 온 이유를 들려주었다. 그동안 서로가 상처받을까봐 물어보지 않았는데 이상하게 이날 형은 가슴속 아픔을 스스로 털어내고 있었다.

해가 지고 나니 어슴푸레해 잘 보이지는 않지만 형의 눈에서는 가끔씩 눈물 한두 방울이 떨어졌다.

동병상련이라고 했던가. 형의 말을 듣고 있자니 나도 아버지에 대해 숨길 이유가 없다는 생각이 문득 들었다. 결국 아버지에 대한 짧고도 짧은 최단신 추억을 털어놓았다.

사실 아버지에 대한 기억은 별로 없었다. 외할머니에게 듣거나 동네 사람들이 들려주는 이야기가 전부였다.

"형!, 사실 아버지가 있긴 한데 없는 것이나 다름없시유."

"그건 또 뭔 얘기여."

아버지가 없다고 했던 내가, 갑자기 있다고 하니 형은 약간 부러워하는 눈치였다.

"아버지 어디 아프시냐. 멀쩡하다면 너를 이런 곳에 보냈겠냐."

"아니요, 저도 몇 번 밖에 못 봤으니 없다고 봐야것죠."

나는 어슴푸레 생각나는 아버지의 형상과 함께 주워들은 아버지에 대한 이야기들을 풀어 놓았다.

외할머니가 말하는 아버지는 활량이다. 김삿갓처럼 이태백처럼 유유자적하면서 제 멋대로 사는 분이었다고 한다.

아이를 넷이나 낳고도 책임지지 못하고 결국 외할머니 댁에 맡기는 황당한 사람이었다. 그러고도 조금도 미안해하지 않았다. 오히려 1년 정도 돌아다니다 나타나서는 돈 몇 푼 던져 주고는 바람과 같이 사라져 버린다.

아버지가 집을 나가 돌아다니는 동안에는 어디서 무슨 일을 하는지 아무도 모른다. 심지어 엄마까지 몰랐다고 하니 대단한 활량인 것만큼은 사실인 것 같다.

내가 머슴살이 올 때까지 아버지는 두세 번 외할머니 집을 찾아왔던 것으로 기억난다.

6살 내 기억으로는 훤칠한 키에 잘생긴 외모 언뜻 보면 돈깨나 있어 보이는 풍모를 지내셨다. 이런 아버지가 전국을 떠돌며 무슨 일을 하고 다니는지 짐작은 가지만 확인된 것은 없다.

전국구 조폭 두목인지, 아니면 유명한 노름꾼인지, 술꾼인지, 이것도 저것도 아니면 둘째 마누라와 살고 있는지 아는 사람이 없었다.

그 때문에 어머니는 아버지를 제일 미워하셨다고 한다. 오죽했으면 어머니가 핏덩이들을 버리고 어디론가 떠났겠는가.

나중에 풍문으로 들은 얘기지만 아버지는 잊을만하면 나타나서 잔돈 몇 푼주고 어머니를 두들겨 팼다고 한다. 생각하건대 그런 아버지의 폭력을 못 이기고 엄마는 우리를 외할머니 댁에 맡기고 영원히 어디론가 떠났을 것으로 짐작하고 있다.

이런 얘기 저런 얘기를 하다 보니 아버지에 대한 증오심이 불숙 치밀어 올랐다. 책임도 지지 못하면서 아이들은 왜 낳았는지. 또 뭘 잘했다고 몇 개월 만에 나타나서는 엄마에게 폭력을 휘둘렀는지. 그것이 지금 우리가 겪고 있는 가난과 고통의 원인이라고 생각하니 서러움이 북받쳤다.

가쁜 숨을 몰아쉬며 울음을 참으려했지만 쉽지 않았다. 그렇다고 안마당에서 엉엉 울 수도 없는 일, 나는 벌떡 일어나 대문을 열고 밖으로 나갔다.

형이 뒤따라 나오는 것 같았다. 나는 뒤도 돌아보지 않고 논이 있는 쪽으로 냅다 달렸다. 점심때 나란히 앉아 밥을 먹었던 그 장소에까지 왔다. 자리에 풀썩 주저앉았다. 그리고는 입을 막고 참았던 눈물을 쏟아냈다.

몇 분을 그렇게 혼자 울고 있는데 형이 찾아왔다. 나는 앉아서 울다말고 형에게 안겼다. 더 설움이 북받쳤다. 내 울음이 서럽게 들렸던지 형도 울고 있었다. 둘은 한참을 그렇게 붙잡고 울었다.

모기는 없었지만 풀벌레들이 얼굴에 부딪혔다가 사라졌다. 달빛에 하늘거리는 나뭇잎은 반겨줄 사람도 없는데 요란한 손짓을 한다.

"태면아, 이제 집에 들어가 자장께. 잠을 푹 자지 못하면 내일 일하는 것이 너무 힘들어."

형 말이 맞았다. 말은 안했지만 머슴살이 와서 근 2주간은 잠에 시달렸다. 낯선 곳에서의 잠 때문이 아니라 온갖 고민들이 머리를 헤집고 다녔기 때문이다.

　나는 형의 손을 잡고 집으로 돌아왔다. 혹시 누가 볼세라 태연한 척 형과 함께 방으로 들어있다. 머리를 눕히자 말자 깊은 잠으로 빠져들었다.

　7월의 머슴살이는 비가 괴롭혔다. 징그러운 비가 오랫동안 참 많이도 왔다. 때문에 물이 타넘어 가던 논둑 한컨이 허물어지는 일이 생기기 시작했다. 밤 낮 가릴 틈이 없었다. 우리는 비만 오면 5분 대기조 마냥 인삼밭과 논을 순찰 돌듯 했다.

　7월의 더위는 인삼밭도 힘들게 만든다. 여기에 장맛비는 개망초들을 쑥~~쑥 자라게 한다. 이것도 골칫덩이다.

　자라는 속도 또한 얼마나 빠른지 인삼의 키를 훨씬 넘어 버린다. 이때부터는 모든 머슴들이 총 출동해 둑과 고랑에 풀을 뽑아야 한다.

　풀 뽑는 일도 장난이 아니었다. 여름의 한낮 뜨거운 태양을 비록 비가림이 햇살을 가려줘서 시원하긴 하지만 습도가 많을 때는 오히려 더 후덥지근해서 일하기가 참으로 힘들었다.

　아저씨들은 참으로 꾀 안 부리고 열심히 일하셨다. 내가 죽으라고 해도 따라갈 수 없는 프로의 경지에 도달한 분들이었다.

　"습도가 많은 장마철에 인삼들이 가장 많이 시름시름 앓다가 영영 다음해에 싹을 피우지 못하는 경우가 많아. 그러니 풀을 깨끗이 뽑아줘야 하는 것이여."

　장씨 아저씨는 농사일을 내일처럼 하신다. 풀 한포기 뽑는 것도 건성으로 하는 것이 없다. 손마디가 닳고 닳아 지문조차 보이지 않지만 아저씨는 그 손을 자랑스럽게 생각하신다.

　풀을 뽑은 자리 흙을 다질 때도 아저씨는 손을 아끼지 않는다. 어쩌면 자신의 손을 농기구처럼 사용하신다. 농사일에서 만큼은 참 배울 점이 많은 분들이었다.

7월의 달력이 떨어져 나갔다. 그런데 반갑지 않은 비가 8월에도 여전히 많이 왔다. 머슴들은 비가 안 오는 틈틈이 논둑에 자란 풀들을 베어 준다. 8월 중순이면 어김없이 벼꽃이 피었다.

참으로 힘든 일이 농촌에는 끊이지 않았다. 오히려 머슴들은 가만있는 것보다 삽이나 괭이라도 들고 뭐라도 주적거리는 것이 편했다.

8월 하순이 됐다. 더위를 먹었는지, 땀을 너무 많이 흘려서인지, 몸살이 찾아왔다. 진짜 죽을 만큼 아팠다. 코피가 터지고 하늘에 별이 보일정도로 온 몸이 욱신거렸다.

그러나 머슴 주제에 내색할 수 없었다. 끙끙 앓으며 논으로 밭으로 일을 나갔다. 무리했던 모양이다. 열댓 살 어린 몸이 결국 주저앉고 말았다.

식은땀이 쏟아지며 갑자기 앞이 캄캄해졌다. 무엇인가 잡아야 한다는 생각에 두서너 발 옮기다 쓰러졌다.

근거리서 보던 형이 다급히 달려왔다. 그리고는 나를 들춰 업고 집으로 돌아왔다. 아마도 만 하루를 꼬박 앓은 것 같다. 다행히 형의 정성으로 난 흰죽 한 그릇으로 일어날 수 있었다.

다음날부터는 힘이 없어 일하기가 너무 힘들었다. 형이나 아저씨들이 쉬라고 하지만 주인 눈치가 보여 쉴 수가 없었다. 대신 쉬운 일만 했다.

"저분들도 한번쯤은 나처럼 아프기도 했을텐디."

머슴살이의 서글픔이 왈칵 밀려왔다. 친구들은 교복입고 학교에 다니는데 난 이게 뭔가. 주책없는 눈물이 또 밀치고 올라왔다. 이를 꽉 깨물었다. 나는 고달픔과 서러움이 밀려올 때마다 서울 가서 돈을 버는 날들을 상상했다. 날짜가 가까워지면서부터는 조바심까지 나타났다.

일단 서울 가면 공장에 취직할 생각부터 했다. 돈을 벌어 그 돈으로 뭔가를 할 수 있겠다고 생각했기 때문이다. 그것이 어느 공장인지, 또 그런 공장이 있는지도 모른 채 혼자만의 성을 쌓아가고 있었다. 든기로는 서울 구로공단에 가면 공장이 많아 취직이 쉽다는 정도만 알았다. 목표는 흔들리지 않았다.

따스한 볕이 내리쬐는 가을이 찾아왔다. 우리가 땀 흘려 일한 대가인지 그 덕분에 농사는 결실을 알차게 맺었다. 풍년이라고 했다. 추수를 하는 머슴들의 입에서 노래가 절로 나왔다.

주인아저씨도 결실을 잘 맺어서 쭉정이나 덜 익은 쌀이 매우 적었다며 수고 턱으로 걸쭉한 동동주까지 내놓았다.

나는 술을 마실 수는 없었다. 그러나 형이나 아저씨들이 동동주 한두 잔에 흥에 겨워하는 것이 내일 같았다.

농사가 풍년이어서인지 주인아저씨가 머슴들에게 원래 주던 세경에 쌀 두되를 더 얹어 주셨다.

나도 한두 달 있으면 형이나 아저씨들처럼 품 삯을 받을 수 있다는 생각을 하니 금방 부자가 된 것 같았다. 나는 세경 받을 날이 몇 달 남지 않자 더 열심히 일했다.

그렇게 시간은 흘러 내가 머슴살이를 한지 11개월이 됐다. 그

가난을 넘어, 죽음을 넘어
나의 인생, 나의 도전

쌀 세가마니 세경 받아 서울 상경

런데 한 달을 앞당겨 주인아저씨는 나에게 세경 몫으로 쌀 세가마니를 주었다. 태어나 처음 받아보는 품삯이었다.

나는 그 쌀을 동네 방앗간에 주고 돈으로 받았다. 당시 쌀 한 가마니 가격은 8,000원이었다.

세가마니를 주고 24,000원을 손에 거머쥐었다. 그리고는 곧바로 주인아저씨에게 달려갔다.

"아저씨. 그동안 저를 이렇게 보살펴 주셔서 감사해유."

난데없이 찾아와 감사의 인사를 하자 주인아저씨는 깜짝 놀라했다.

"아니, 그건 또 무슨 소리냐?"

"저 사실은 공부가 너무 하고 싶거든유. 쌀 세가마니 팔아서 공부하려고유."

아저씨는 이런 말을 하는 내가 대견했던지 감동까지 받는 것 같았다.

"그래, 머슴보다는 공부를 해야지. 그런데 그것가지고 중핵교 마치겠느냐."

"교복만 맞추면 공부는 상학생으로 하면 될서구만유."

난 주인아저씨에게 거짓말을 하고 있었다. 서울로 가기위해 머슴 일을 그만두어야 했기 때문에 선의의 거짓말이라 생각했다.

"참으로 대견하구나. 그래 초등학교 다닐 때는 공부는 좀 했느냐."

"1등은 못했지만 반장도 할 만큼 열심히 했지유."

"그렇구나. 용기가 정말 대견하구나, 너 얘기를 들고 보니 어찌 이 아저씨도 만류할 수 없구나."

난 수도 없이 감사의 인사를 했다. 주인아저씨는 마루에서 내려오서는 두 손으로 내 어깨를 꽉 잡았다.

무작정 서울상경을 위해 버스를 탔던 정류소

"너는 앞으로 살아가면서 머슴살이만큼 열심히 한다면 반드시 성공할 거다."

주인아저씨는 내 어깨를 몇 번이고 꽉 잡았다. 자칫했으면 눈물이 쏟아질 뻔했다.

"그럼 오늘은 쉬고 준비해서 내일 집으로 돌아가려무나."

"네. 아저씨. 알았구만유."

나는 인사를 드리고 방으로 들어가려다 들로 나갔다. 형과 아저씨들이 일하는 인삼밭으로 가서는 이 같은 사실을 알렸다.

형과 아저씨들은 한결같이 "잘 생각했다"며 나를 기특하게 생각해주셨다.

"그래. 요즘은 중핵교라도 나와야 먹고 살제, 우리는 학교 문턱도 못 가봤응게 머슴이라도 해야지. 어쩌것는가."

약간은 부러워하는 것 같았지만 금방 자신들의 현실로 돌아갔다.

그날 저녁 아저씨들 모두가 내가자는 방으로 몰려왔다. 우리는 이런 얘기 저런 얘기를 나누다 각자의 방으로 갔다. 참으로 따뜻한 사람들이었다. 1년이란 머슴살이 세월 동안 참으로 은덕을 많이 받았던 분들이었다.

잠자리에 들려고 베개에 머리를 얹었다. 금방 골아 떨어질것 같은 눈은 깜깜한 방안 속 어둠을 빨아들였다. 형은 이미 달나라에 갔는지 코고는 소리가 들리기 시작했다.

잠을 자려고 몇 번이고 뒤척였지만 잠이 오지 않았다. 돈 24,000원으로 그냥 서울로 가버릴까. 아니면 외할머니께 얼마를 드리고 가야하나. 머리가 복잡해졌다.

새벽녘 잠 못 자고 뒤척이는 나를 발견했는지 형이 잠에서 깨어났다.

"태민아, 무슨 걱정거리가 있나."

"아니! 형 잠 안 잤시유."

형은 잠자리서 몸을 일으켜 세웠다.

"나도 세경을 받을 때 몇 번이고 그 돈으로 공부하고 싶었시만 잘 안되더구면."

"왜요?"

난 의아해서 물었다.

"당장 집에 쌀을 보내 줘야하고 몇 푼 안 되는 돈이라도 보태야 동생들이 먹고 살 수 있었응게."

"그걸 형님 혼자서 다 해야 했시유."

"그럼 우리 집 형편이 형편인지라 뾰족한 수가 없었구면."

내가 불쌍한 것이 아니라, 형이 너무 불쌍해보였다.

"그런데 말이야, 태면아!"

형은 무슨 말을 하려고 하다가 이내 입을 닫았다.

"형, 방금 나한데 무슨 말 하려고 했던 것 아니어유."

"아니, 하려고 했는데 큰 영양가가 없을 것 같아서……."

"그래도 해봐유, 혹시 아남유."

나는 형이 하고자하는 말이 궁금했다. 내가 계속 알려달라고 하자 형은 조심스럽게 말문을 열었다.

"태면아, 이건 순전히 내 생각이여."

형은 멈칫 멈칫 하면서 말을 이어갔다.

"태면아, 머슴살이 아무나 하는 것 아니거든…… 지금이라도 손을 떼고 다른 일을 찾아보는 것이 좋을거여."

형의 말에 나는 내심 놀랐다.

"이 일은 희망이 없는 일이여. 그저 산 입에 거미줄 칠 수 없어 죽지 못해 하는 일이라고 생각하면 쉽게 떨칠 수 있을 것이구면."

형의 말은 마치 공자님 말씀 같았다. 인생의 깊이가 물씬 풍거 나왔다.

"그런데 태면아, 너 정말 공부할건게벼."

"그럼요."

난 단호하게 그렇다고 말했다. 사실은 내일 외할머니 집에 가서 자초지종을 말씀드리고 서울로 갈 생각이었다.

"그래, 공부 좋~지, 너라도 열심히 해서 훌륭한 사람이 됐으면 좋겠구먼."

"공부 열심히 한다고 다 훌륭한 사람이 되남유."

"아니야. 너가 머슴 일을 하는 것 보면 성공할 수 있겠다는 생각이 들었당게……."

형이 나에게 기죽지 말라고 하는 말이었지만 정말 머슴일 하는 동안 난 열심히 했던 것 같다.

둘의 이야기가 얼마나 진지했던지 방문 밖으로 아침이 밝아오고 있었다. 나는 그날 한잠도 자지 못했다.

주인집에서 차려 준 아침밥을 먹고 주인아저씨께 인사를 한 후 보따리를 챙겨 난 그 집을 빠져 나왔다.

머슴살이 같이했던 아저씨와 형이 나를 대문까지 배웅해 주었다.

그들은 한 목소리로 "공부 열심히 해서 꼭 성공하면 한번 찾아오니라."를 외치고 있었다.

가슴으로 흐르는 눈물을 삼키며 나는 오른손을 들어 크게 흔들며 꼭 그런 사람이 되어서 한번쯤 찾아오겠노라 화답했다.

머슴살이 1년이 내 마음 속 일기장에 차곡차곡 쌓였다.

내 나이 15세. 나는 그렇게 송암리 호암부락을 떠나 서울로

15,000원 들고 도착한
용산시외버스터미널

가는 첫 여정의 시외버스에 몸을 실었다. 상상속의 서울로 가기 위해……

버스는 터미널을 빠져 나와 도로를 내달렸다. 뿌연 먼지를 내뿜는 버스 뒤로 보이지 않는 고향의 전경이 하나 둘씩 스쳐지나 갔다.

비포장도로를 달릴 때면 창자가 뒤틀리는 것 같았다. 그러나 창문 넘어 보이는 고향을 다시 올 수 없다고 생각하니 또 한 번 눈물이 핑 돌았다.

버스 안 스피커에서는 조용히 노래 소리가 흘러나왔다. 눈을 감았다.

그 순간 문득 서울 가면 엄마부터 찾아야겠다는 생각이 밀려 왔다. 한술 더 떠 온갖 상상의 나래까지 펼쳐졌다.

엄마는 어떻게 생겼을까. 아빠와 같이 있을까. 돈은 많이 벌었을까. 나를 알아 볼 수 있을까.

내 가슴속 하얀 여백에 나의 작은 꿈을 그리고 있을 때 버스는 아스팔트 위를 질주하듯 달리고 있었다.

창문 밖으로 보이는 시골풍경은 보기에는 좋지만 그 속에 사는 사람들의 삶은 고통이다. 나 혼자만의 생각은 아닐 것이라 생각하니 서울 가서 꼭 성공해 오리라 다시 한 번 다짐했다.

밤잠을 설쳐서인지 눈을 감고 있다 보니 스르륵 잠이 들었다. 한참을 잔 것 같았다. 차창 밖으로 보이는 풍경이 시골이 아닌 제법 도시 같은 느낌이었다.

오른쪽 볼을 유리창에 붙인 채 한참을 멍하니 밖을 바라보았다. 마음이 설랬다. 서울 가서 성공한 모습도 그려보았다. 그리고는 혼자서 피식 웃었다.

그 순간 집이 걱정 됐다. 외할머니 생각을 하니 이게 잘한 짓인지 약간의 미안함과 죄송스러움이 동시에 밀려왔다.

편지 한 장 달랑 남기고 새벽같이 사라졌으니 얼마나 놀라셨을까. 아니, 그냥 머슴살이 하는 집으로 갔을 거라고 생각하실 거야.

이 생각 저 생각을 하다 보니 돈을 벌어야겠다는 생각이 더욱

낭시 필사가 노착했던 용산시외버스터미닐

간절해졌다. 누나들과의 생이별, 머슴살이, 중학교도 갈수 없는 집안 형편, 초등학교도 못간 막내 등등 모두가 돈 때문이라고 생각했다.

가난의 굴레를 벗어나는 길은 어떻게든 돈을 버는 것 외는 없다고 생각했다. 그때까지 이빨 꼭 물고 살겠노라 스스로의 다짐을 공고히 다졌다.

일단 서울에 도착하면 구로공단으로 가서 공장에 취직한 후 열심히 일해 돈을 많이 번다. 그리고 돈이 좀 모이면 외할머니께도 좀 보내 주리라 마음먹었다. 이게 모두 내가 서울 가면 할 수 있는 것들이라고 생각했다.

버스는 중간 중간 다른 동네 정류장에도 멈춰 섰다. 사람들이 몇 명씩 올라탔는데도 제법 많은 사람들이 버스 안에 보였다. 그런데 한 정류장에서 올라 탄 40대 정도로 보이는 아저씨가 내 옆자리에 앉았다.

나는 오른 손을 슬며시 내려 주머니 속에 넣어놓은 돈을 만져 보았다. 혹시나 잊어버릴까 내심 걱정이 됐기 때문이다. 돈은 그 자리에 꼭 숨겨 있었다.

그러나 옆에 앉은 아저씨가 신경 쓰였다. 인상도 무서워 보였다. 더욱이 버스 안에는 쓰리꾼들이 있는데 이들은 잠자는 사람을 골라 순식간에 칼로 주머니를 째고 돈을 가져간다고 들은 터라 겁이 났다.

힐끔 힐끔 쳐다 보는데도 눈을 마주칠 수가 없었다. 나는 창문 쪽으로 고개를 돌려 창문에 비치는 아저씨를 유심히 탐색해보았다. 생긴 것으로 보아서는 영락없는 쓰리꾼이었다.

한참을 겁을 먹고 있는데 아저씨가 주머니에서 껌을 꺼냈다. 그리고는 하나를 꺼내 나에게 씹으라고 주었다. 나는 괜찮다며 사양했다. 혹시 껌을 씹으면 잠을 자게 되는 약이 묻어 있다고 생각했기 때문이다.

　아저씨는 내가 사양하자 두 번 다시 건네지 않았다. 아저씨는 껌 하나를 꺼내더니 질근질근 씹었다. 씹는 폼도 이상했다.

　나는 오른손을 주머니에 넣고 돈을 꼭 쥐었다. 혹시 아저씨가 옆자리에 있다가 나도 몰래 돈을 쓰리 해 갈수도 있다고 생각한 것이다.

　씹던 껌에 단물이 다 빠졌는지 한참을 씹어대던 아저씨는 씹던 껌을 종이에 싸서 의자 뒤쪽에 달린 그물망에 집어넣었다.

　그리고는 머리를 나 있는 쪽으로 돌렸다.

　"학생 어디까지 가냐."

　아저씨가 굵직한 목소리로 어디까지 가는지를 물어왔다.

　"서울까지 가구만유."

　"서울 친척집에 가나보지."

　"네, 고모 집에 가구만유."

　더 이상 말하기가 싫어 거짓말로 없는 고모를 갔다 붙였다. 그런데 또 말을 걸어왔다.

　"보아하니 서울에 처음 가는 모양이구나."

　"아니요 이번에 세 번 째구만유."

　"고모 집이 어느 동네인데."

　"용산이구만유."

　뭔가 이상했다. 꼬치꼬치 묻는 것이 영 마음에 걸렸다. 자꾸만 말을 걸어오는 것이 마치 수작을 부리려고 그러는 것 같았다.

　나는 창 쪽으로 고개를 돌려 눈을 지그시 감았다. 잠자는 척하면 말을 안 걸어올 것이라 생각했기 때문이다.

　한참을 그렇게 눈을 감고 있다가도 궁금한 나머지 실눈으로 창문에 비친 아저씨를 보았다. 아저씨는 여전히 두 눈을 멀뚱히 뜬 채 앞만 바라보고 있었다.

별생각이 다 들었다. 쓰리꾼들이 어떻게 한다는 이야기를 들은 것이 있어 그걸 모두 아저씨에게 대비해보니 진짜 같았다.

나는 오른손에 쥔 돈을 다시 한 번 꼭 쥐었다. 이후부터는 아예 눈을 뜨지 않았다. 그러다 그만 잠이 들고 말았다.

웃기는 것은 너무 현실에 긴장한 탓인지 잠시 꾼 꿈도 그 아저씨가 내 돈을 빼앗아가는 것이었다. 나는 빼앗기지 않으려고 꿈에서 안간힘을 썼다. 그러다 잠이 깼다. 그런데 오른 손이 밖으로 나와 있었다.

심장이 쿵 내려앉는 것 같았다. 얼른 주머니 위에 손을 올려보았다. 다행히 돈은 그대로 있었다.

촌놈은 역시 촌놈이었다. 옛말에 한양이 무서워 과천부터 기어간다고 했는데, 엉뚱한 아저씨를 쓰리꾼으로 보고 혼자서 지레짐작하고 바짝 긴장했으니 진정한 촌놈이었다.

너 댓 시간을 달렸을까. 차창 밖으로 보이는 도시들은 큰 도시처럼 보였다.

높은 빌딩, 울긋불긋한 간판들, 빼곡한 집들을 보노라니 서울이 가까워지고 있음을 감지할 수 있었다.

때를 같이해 손님들이 삐죽 삐죽 일어나 선반위에 올려놓았던 짐들을 끄집어 내렸다. 서울에 다 왔다는 증거였다.

시내로 들어 선 버스는 몇 번을 요리조리 왔다 갔다 하더니 용산시외버스터미널로 들어섰다. 용산시외버스터미널은 시골 버스정류장의 10배는 되는 것 같았다.

빼곡한 버스는 물론 사람들도 북적였다. 그걸 보는 순간 심장이 뛰었다. 서울에 처음 와본 것도 그렇지만, 돈을 벌 수 있다고 생각하니 약간 흥분되기 시작했다.

버스가 채 서지도 않았는데 사람들이 전부 일어나 짐을 챙겨 들었다. 그리고는 버스 중간 통로로 나와 서서 내릴 준비를 했다.

　나는 먼저 내리지 않고 제일 뒤에 내릴 생각이었다. 혹시나 내리는데 뒤에서 쓰리를 당할 수도 있다고 판단했기 때문이다.

　사람들이 줄을 서 버스에서 내렸다. 마지막 차례였던 나도 버스에서 발을 내려놓았다.

　내 몸이 드디어 서울 땅을 밟고 섰다.

제3장
고난의 세월

서울 신고식

용산에 도착했지만 이제부터가 걱정이었다. 터미널을 나와 큰 길로 나섰지만 구로공단이 어디에 붙었는지 어디로 가야하는지 알 턱이 없었다.

길가는 사람들에게 구로공단 가는 버스를 어디서 타면 되는지 물었다. 하나같이 건성으로 답했다.

저쪽에 가면 가는 버스가 있다며 손짓만 했다. 진짜 서울사람들 인정머리 없다는 생각이 들었다.

그런데 내 꼴이 말이 아니었다. 서울사람들이 보기에는 거지나 다름없었다. 군데군데 때가 묻고 헤진 옷에 검정고무신, 촌놈 표 보따리까지, 척보아도 귀찮은 존재였을 수도 있다.

12월의 서울기온은 진짜 차가웠다. 두툼한 외투를 걸치고도 종종걸음을 걷는 서울 사람들에 비하면 난 봄옷을 입고 있는 것이나 다름없었다.

당장 발이 시려 서 있을 수가 없었다. 바지가랑이를 타고 올라오는 한기는 몇 배 더 추웠다.

나는 구로공단 가는 것을 잠시 뒤로 미루고 다시 터미널 안쪽으로 들어갔다. 일단 추위를 피하고 보자는 속셈도 있었지만 배가 너무 고팠다.

일찍 집을 나서느라 아침을 굶은 데에다 점심까지 못 먹은 탓에 뭐라도 좀 먹어야 했다. 상점들을 두리번거리는데 마땅히 사 먹을 만한 것이 없었다.

밥을 사먹기에는 돈을 아껴야 했고, 다른 것도 생각보다 비쌌다. 조금 전 길거리에 풀빵을 굽는 아저씨를 본 것 같아 다시 그 길거리로 나갔다.

아까 보았던 그 자리에 아저씨가 열심히 풀빵을 굽고 있었다. 잽싸게 그쪽으로 갔다.

"아저씨 풀빵 300원어치만 주세유."

아저씨는 나를 한번 쳐다보더니 신문지로 만든 봉지에 풀빵 몇 개를 집어넣어 주었다. 그리고는 내 모습이 안 되어보였는지 하나 더 넣어 주셨다.

"감사하구만유."

나는 300원을 건네주고 풀빵 봉지를 받아 다시 터미널 대합실로 들어갔다.

대합실에는 버스를 기다리는 사람들이 많이 보였다. 책을 읽는 사람, 신문을 보는 사람, 머리를 파묻고 잠을 자는 사람, 각양각색이었다.

나는 한쪽 빈자리에 가서 앉았다. 그리고는 따뜻한 풀빵을 하나씩 꺼내 먹었다. 얼마나 맛있던지 그 맛은 지금도 잊을 수 없다.

풀빵을 순식간에 다 먹고는 화장실로 향했다. 수도꼭지를 틀고 물을 들이켰다. 이내 배가 빵빵해졌다. 살 것 같았다.

그러다보니 시간은 제법 지난 것 같다는 생각이 들었다. 해가 중천을 넘어 서쪽으로 꽤나 많이 기울어져 있었다.

대합실 의자에 앉아 사람들을 쳐다보니 도시 사람과 시골사람이 확연히 구분됐다. 도시사람들은 뭐가 달라도 달랐다. 얼굴엔 윤기가 났고 입고 다니는 옷도 상당히 고급스러워 보였다.

한참을 지켜봤다. 이런 도시에 사는 사람들은 얼마나 행복할까. 나는 왜 그런 깡촌에서 태어났을까. 혹시 나도 엄마나 아빠를 만나면 서울에서 살 수 있을까.

언제 무너질지 모르는 모래성을 난 대합실에서 그렇게 차곡차곡 쌓고 있었다. 그때까지만 해도 내가 쌓았던 성은 모래성이 아닌 다보탑 같은 것이었다.

남들은 청운의 푸른 꿈을 안고 온다는 서울, 난 그곳에서 가난의 족쇄를 풀 돈을 벌어야 한다고 생각하니 한편으로는 처량한 마음도 들었다.

'서울 가면 눈 뜨고 코 베인다'는 말을 주워들었기에 주머니 속의 돈을 다시 한 번 점검한 후 자리에서 일어섰다.

이번에는 물어물어 구로공단까지 걸어갈 참이었다. 도저히 버스를 탈 수 없었다.

시골에서는 20~30리길을 예사로 걸어 다녔는데 이정도 쯤이야. 난 그렇게 객기를 부리고 있었다.

그리고는 사람들이 일러주는 방향으로 발길을 옮겼다. 이게 서울에서 돈을 벌어야 할 내 인생을 또 다시 바닥으로 끌고 가는 발길이 될지 꿈에도 몰랐다.

몇 분을 걸었을까. 뒤에서 누군가를 부르는 목소리가 들렸다. 나도 모르게 걸음을 멈추고 뒤를 돌아보았다. 30대 중반쯤으로 보이는 형들 3명이 나에게로 오고 있었다.

그 사람들은 나를 보더니 손짓으로 잠시 서보라고 했다. 나는 무슨 영문인지도 모른 채 일단 그 자리에 섰다. 형들이 내 앞으로 가까이 왔다. 그냥 평범한 사람들처럼 보였다. 그중 한명이 나에게 말을 걸어왔다.

"아까 길을 묻는 것 보니 구로공단 가는 것 같은데 잘 됐구만,

우리도 그리로 가는데 같이 가려면 따라와라."

너무 태연했다. 정말로 고마웠다. 다른 사람들은 이리가라 저리가라 건성으로 가르쳐 주는데 이 형들은 직접 구로공단까지 같이 가지고하니 천군만마를 얻은 것 같았다.

그들은 앞장서 걸었다. 자기들끼리만 말을 하지 나에게는 별 관심이 없는 사람들처럼 보였다. 나는 아무 생각 없이 그 형들을 따라 걸었다.

가는 길이 구로공단으로 가는 길인지, 산수 갑산으로 가는 길인지 모르니 그저 따라 걷는 수밖에 없었다.

약 15분 정도를 걸은 것 같은데 형들은 작은 골목 같은 곳으로 방향을 틀고 있었다. 나도 뒤따라 걸었다. 진짜 아무 의심도 하지 않았다.

골목에 들어서 몇 발을 옮겼을까. 형들은 갑자기 돌변했다. 두 사람이 양쪽으로 서더니 한사람이 갑자기 내 어깨를 잡았다.

"어이! 너 시골서 올라왔지, 돈 얼마 갖고 왔냐."

좀 전까지 천사 같았던 사람들이 한순간에 악마로 돌아섰다. 말이 험악했다. 너무도 겁이 났다. 그러나 돈을 줄 수도 빼앗길 수도 없었다.

"돈, 없구만이라."

나는 형들이 겁은 났지만 일단 돈이 없다고 우겼다.

"허, 이놈봐라. 너 만약 우리가 털어서 너 몸에서 돈이 나오면 1원에 한방씩 얻어터진다. 순순히 말할 때 다 내놔."

"아니요, 정말 없구만유."

그 순간 나에게 돈을 내놓으라고 하던 형이 나를 담벼락 쪽으로 밀었다. 꼼짝할 수 없었다. 돈을 터는 전문가 같았다.

돈을 빼앗기면 안 된다. 만약 빼앗기면 모든 것이 허사가 된다. 어떻게든 여기를 빠져나가야 한다는 생각뿐이었다.

담벼락에 등이 붙자 나는 벽을 받침 삼아 있는 힘을 다해 앞의 형을 밀쳤다. 그런데 이게 어찌된 일인가. 그 형은 꿈쩍도 하지 않았다. 순간 그 형의 오른 손 주먹이 내 갈비뼈 밑을 킁타했다.

숨이 콱 막혔다. 숨을 쉴 수 없어 그 자리에 고꾸라졌다. 순간 세 사람이 우루루 달려들어 발길질을 해댔다.

나는 돈을 빼앗기지 않으려고 그 순간에도 돈이 든 바지주머니를 꼭 쥔 채 버텼다.

"이자식이 죽을려고 환장했나."

난 이 말을 마지막으로 듣고는 그만 정신을 잃고 말았다. 한참을 길바닥에 쓰러져 있는데 갑자기 너무 추웠다. 정신을 차려보니 옷 보따리도 주머니 속 돈도 그 형들이 모두 가져가고 상처 난 몸뚱이만 달랑 남아 있었다.

눈물이 왈칵 쏟아졌다. 머슴살이 1년 해서 번 돈을 몽땅 털렸다고 생각하니 서러움의 눈물이 마구 쏟아졌다.

자리에서 일어섰다. 골목을 가끔씩 지나가는 사람들이 있었지만 내 몰골을 보고 말을 건네거나 왜 그런지 알아보려 하지 않았다. 서울사람들은 참 매정하다는 생각이 들었다.

그 형들을 찾아 내 돈을 찾겠다는 생각에 나는 터미널로 다시 가 볼 생각이었다. 그러나 형들에게 마구잡이로 차이고 밟혀서 그런지 다리가 너무 아팠다. 몇 발자국 걸을 수 없었다.

뒤뚱뒤뚱 거리며 겨우 큰 길로 걸어 나갔다. 큰 길 가로수에 등을 기대고 한참을 서 있었다. 그런데도 통증이 가시지 않았다. 입술도 아팠다. 볼기짝을 맞아서인지 입술까지 터져 있었다. 입술 옆엔 피가 나다말고 말라붙어 있었다.

서 있기도 어려웠다. 하는 수 없이 바닥에 앉았다. 바닥은 빙판같이 차가웠다. 그래도 앉을 수밖에 없었다. 다리를 주물러서라도 일단 터미널까지 가야 추위라도 피할 수 있기 때문이었다.

가난을 넘어, 죽음을 넘어
나의 인생, 나의 도전

땅 바닥에 앉아 다리를 주무르다 울음보가 터졌다. 너무도 억울했다. 그렇게 모진 머슴살이를 해서 모은 돈을 실컷 얻어맞고 몽땅 빼앗겼다 생각하니 서러움이 더 북받쳤다. 눈물과 콧물이 범벅이 돼 흘러내렸다.

한참을 주물렀더니 그나마 걸을 수 있을 것 같았다.

나는 필사적으로 걸어 다시 용산시외버스터미널 대합실로 들어갔다. 일단 화장실로 들어가 세수부터 했다. 찬물이 얼굴에 묻자 상처 난 부위가 따가웠다. 대충 씻고는 옷소매로 물기를 닦아냈다.

대합실로 나와 빈 의자에 앉았다. 앞이 깜깜했다. 단돈 십 원도 없는데다 낯선 땅 서울에서 이런 일을 당했으니 불안감이 몰려왔다.

당장 오늘 밤이 문제였다. 잠 잘 곳도 없고, 다리가 아파 구로공단까지 걸어 갈 수도 없었다. 그래도 배고픈 것은 문제가 되지 않았다. 몇 끼 굶는 것은 나에게는 대단치 않았기 때문이다.

거지 몰골로 나는 그 자리서 몇 시간을 앉아 있었다. 늦은 저녁이 되자 경비 차림의 아저씨가 터미널 문을 닫는다며 밖으로 나가라고 했다.

대충 몸을 일으켜 세워 엉거주춤 하면서 밖으로 나왔다. 밤바람은 더 차가웠다. 볼이 얼어버릴 것만 같았다.

이제 어디를 가나. 어쩌면 좋은가. 그런데 주변을 보니 행색이 남루한 아저씨들 몇 명이 종이박스 같은 것을 가지고 와서는 잠을 잘 자리 같은 것을 만들고 있었다. 유심히 보았다. 진짜 잠자리였다. 그 아저씨들은 태연하게 종이박스를 담처럼 둘러치고는 그 안에서 몸을 누이고 있었다.

나도 그렇게 해볼 생각에 터미널 주변을 아픈 다리를 끌고 다녀봤다. 하지만 종이박스 같이 생긴 것은 단 한 개도 보이지 않았다. 결국 포기했다.

하룻밤 안 잔다고 뭐가 어찌되겠는가. 나는 어디 건물 한쪽 구석에 처박혀 추위만이라도 피해볼 생각에 이 건물 저 건물을 기웃거렸다.

괜찮은 곳을 하나 발견했다. 아직 불이 켜진 상점 옆이어서 불이 꺼질 때까지 어슬렁거리며 기다렸다. 늦은 밤이 되자 길거리 상점들이 하나둘씩 불을 끄기 시작했다.

내가 봐 둔 곳 옆 상점도 불을 끄고 셔터 문을 내렸다. 밖으로 나온 주인아저씨는 셔터 문 아래쪽의 자물통을 잠그더니 이내 자전거를 타고 어디론가 갔다. 아마도 집으로 가는 것 같았다.

나는 재빨리 그 자리에 가 쭈그리고 앉았다. 바람을 막을 수 있으니 추위는 한결 덜했다. 그러나 쭈그리고 앉아서는 잠을 잘 수는 없었다. 바람은 피했지만 추위 때문에 자칫 잠이 들면 얼어 죽기 십상이었다.

거적때기 같은 윗도리를 귀쪽으로 바짝 당겨 목을 쏙 밀어 넣고는 몸을 최대한 밀착시켰다. 목으로 바람이 들어오지 않으니 그나마도 괜찮았다. 따스한 온기 같은 것이 몸으로 전해졌다.

시간이 꽤 지나자 그 추위에도 천만근 눈꺼풀은 어쩔 수 없는지 자꾸만 내려왔다 올라갔다를 반복했다.

장시간 차를 타고 온데다 깡패 같은 형들에게 속아 주먹질과 발길질을 당했으니 몸이 잠을 이기지 못했다. 꾸벅 꾸벅하다 몇 번이고 앞으로 고꾸라졌다. 진짜 힘든 시간이었다.

안되겠다 싶어 이번에는 벽 쪽으로 얼굴을 돌리고 쭈그리고 앉았다. 졸다 고꾸라져도 벽이 막아 줄 것이라 생각했기 때문이다. 허리춤으로 비집고 들어오는 바람이 늑골을 타고 뇌신경을 자극했다. 몸이 부르르 떨렸다.

한참을 졸다 깨다를 반복하고 있는데 사람 발자국 소리가 들렸다. 숨을 죽였다. 그런데 갑자기 내 등 뒤에서 발걸음이 멈춰섰다. 순간 까까머리가 삐죽 솟는 것 같았다.

뒤로 돌아보려다 꿈적 않고 그대로 있었다. 약 5초정도 정적이 흐르더니 뒤에서 목소리가 들렸다.

"이봐, 학생 일어나봐."

아까 나에게서 돈을 빼앗아가는 것도 모자라 주먹질과 발길질을 해댄 그 형들이 생각났다. 몸이 파르르 떨렸다. 이를 어쩌나 하고 있는데 일어나라는 두 번째 목소리가 귓전에 와 꽂혔다.

자칫 그 말을 안 듣다가는 또 얻어터질 것만 같았다. 애라 될대로 되라는 생각에 벌떡 일어났다.

얼굴을 보니 이 형도 아까 그 형들과 비슷하게 보였다. 다리가 아프니 어디로 줄행랑도 칠 수 없고 참 난감한 순간이었다. 그런데 그 형은 전혀 딴판이었다.

"야! 이놈아. 이런데서 잠자다가는 얼어 죽어."

그 형 역시 나를 걱정하듯 말을 했다. 아까 그 형들도 그랬다. 처음엔 천사처럼 하다가는 나중에 돌변하는 그 모습, 생각만 해도 끔찍했다. 난 아무 말 없이 그냥 서 있기만 했다.

"보아하니 시골서 온 것 같은데 어디를 가려고 여길 온 거냐."

나는 기어들어가는 목소리로 "구로공단에요."라고 말했다.

"그긴 왜."

"공장에 취직하려구유."

"야! 너 같은 아이들이 구로공단 가면 누가 취직시켜준데."

그 소리를 듣는 순간 큰일 났다 싶은 생각이 몰려왔다. 구로공단 간다고 취직이 되는 것이 아니라는 형의 말에 꿈까지 산산조각 나고 있었다.

"취직이라면 내가 시켜 줄테니 나 따라서 안 갈래."

"무슨 일 하는데요?"

너무 뜻밖의 얘기라 의심이 들었다. 혹시 따라가면 어떻게 되는 것 아닌가 하는 생각부터 앞섰다.

"기고 싶으면 따라오고, 오기 싫으면 거기서 자."

그 형은 단호하게 한마디하고는 몸을 돌려 걷기 시작했다.

"그래. 얼어 죽는 것보다는 낫겠지."

혼자 중얼거리다 그 형을 따라 걸었다. 발을 질질 끄는 듯한 소리를 들었는지 그 형이 뒤를 돌아보았다. 그리고는 그 자리에 멈춰 섰다.

내가 가까이 가자 형은 내 팔을 붙잡아 주었다.

"너 오늘 올라와서 양아치들한테 몽땅 털렸구나."

그 형은 오늘 나의 행적을 훤히 꽤 뚫어 보는 듯 말을 이어 나갔다.

"돈도 다 빼앗기고, 실컷 얻어터지고, 불쌍한 놈."

형은 이런 일이 터미널 주변에서 흔히 일어나는 일이라며 나도 그 피해자 중 한사람이라고 했다.

"그래. 돈은 얼마나 빼앗겼냐."

"만원 좀 더 되구만유."

"못된 새끼들. 뜯어 먹을 것이 없어 촌에서 올라 온 아이들 잔돈까지 뺏어 처먹나."

형은 아까 형들과는 달랐다. 오히려 그들을 양아치라고 욕하고 있었다.

"잊어버려, 날 따라와서 열심히 일하면 그 돈 정도는 금방 벌 수 있어."

진짜 고마운 분이었다. 얼어 죽을 뻔한 나를 구해 준 것도 감사한데 거기에다 돈까지 벌 수 있게 해준다니 눈물이 날 정도로 고마웠다.

구두닦이가 되다

형을 따라 터미널에서 얼마 떨어지지 않은 초라한 집에 도착했다. 나는 형을 따라 골방으로 들어갔다. 거기에는 내 또래 아니면 나보다 어린 아이들이 여럿 보였다.

형은 그런 아이들을 불러 모으고는 나를 소개했다.

"야! 잘 들어. 내일부터 우리랑 같이 일할 아이야, 그러니 민준이, 너가 일하는 것 잘 가르켜."

형은 그렇게만 하고 잘 자라며 다른 방으로 가버렸다. 형이 가자 민준이라는 내 또래 같은 아이가 내게 가까이 왔다.

"어이, 너 몇 살이니."

반말이었다. 나도 반말 비슷하게 응수했다.

"15살인디……."

"그럼 나랑 동갑이네. 좋아 친구하자고."

민준이가 나에게 악수를 청했다. 나는 어설프게 민준이의 손을 잡았다. 그런데 민준이의 손톱 밑과 손끝이 온통 물감을 들인 것마냥 까만색으로 변해 있었다.

순간 염색공장이 생각났다. 그런데 아니었다. 내가 일할 곳은 공장이 아니라 다름 아닌 구두닦이였다. 거기에 있는 아이들 모두가 구두닦이였던 것이다.

　민준이는 제법 고참처럼 말했다. 동생들에게 찍새(가게나 사무실 같은데 가서 닦을 신발을 가져 오는 일)일부터 시키라며 어떻게 하는지를 알려주라고 했다. 약간 어린 듯한 아이가 내일부터 내가 해야 할 일에 대해 일러주었다.

　"형아는 내일부터 막둥이를 따라다니면서 거두어주는 구두를 일단 우리가 구두 닦는 아지트로 가지고 오면 돼."

　"아지트가 어딘디."

　"용산시외버스터미널 전체라고 보면 돼. 장소는 그날그날 조금씩 바뀌지만 거의 터미널 부근에 있을 거야."

　우리는 서로 인사를 나눈 후 잠자리에 들었다. 아마도 새벽 두 시는 됐을 시간이다.

"구두닦이…… 구두닦이…… 구두닦이……."

난 속으로 구두닦이라는 단어를 몇 번이나 되뇌이다 잠에 떨어졌다.

서울 상경 후 첫날 밤 나는 그렇게 청운의 푸른 꿈을 접은 채 또 다시 바닥인생으로 떨어지고 있었다.

살짝 잠이 들었던 것 같은데 아이들의 분주한 소리가 들렸다. 자리에서 누워 눈을 살며시 떠보니 아이들이 일하러 나가려고 하는 것 같았다.

밖은 아직 컴컴한 것처럼 보였다. 그런데 모두 일어난 것을 보면 구두닦이도 아침 일찍 서두르는 것 같은 느낌이었다.

낮에 깡패 형들 한데 맞은 곳곳이 당기고 아팠다. 생각 같아서는 하루 정도 푹 쉬었으면 그나마 아픈 곳이 좀 덜할 것 같았다. 눈을 감고 눈치를 살피는데 아이들이 주고받는 말이 귓전에 들려왔다.

"민준이 형! 이 형 깨울까?"

"아니, 어제 깡패 형들 한데 끌려가 많이 맞았나봐. 대빵 형이 조금 쉬게 냅두래."

대빵 형은 새벽에 나를 발견하고 이곳으로 데리고 온 그 형을 일컫는 호칭이었다. 너무도 반가운 민준이의 대답이었다.

민준이는 아침 일찍 대빵 형이 있는 방으로 가서 내 얘기를 했던 것 같았다. 조금 쉬도록 냅두라 한 것을 보면 그 대빵 형이 나에게 큰 배려를 해 준 것으로 생각되었다.

나는 그 얘기를 듣고는 눈을 꼭 감고 몸을 이리저리 굴리면서 아주 작은 신음소리를 냈다. 많이 아픈 것처럼 보이기 위해서였다.

아이들이 방에서 모두 빠져나갔다. 그런데 조금 전까지 몰랐던 퀴퀴한 냄새들이 코를 자극하기 시작했다. 잠깐 눈을 떠 방안을 자세히 둘러보니 청소는 물론 빨래도 제대로 안 해서 입는 것 같았다.

널브러진 옷과 양말은 물론 방안 곳곳에 빨아 걸어 둔 구두 닦는 천에는 까만 구두약이 채 씻기지도 못한 채 그대로 묻어 있었다.

아이들의 몰골을 봐도 제대로 씻지 않고 자는 것 같았다. 나도 행색이 거지 수준인 촌놈이지만 여기 아이들도 별반 다르지 않았다. 진짜 거지같은 꼴을 하고 다녔다.

구두닦이하면서 번지르르한 옷을 입을 수도 없을뿐더러 당시의 시대적 상황도 그다지 좋지 않을 때였다.

이불 속에서 한참을 누워 있는데 어제 빼앗긴 돈이 너무 아까워 갑자기 분통이 치밀어 올랐다.

1년 동안 머슴해서 어렵게 만든 돈을 순식간에 빼앗아 갔으니 마음이 너무 쓰리고 아팠다. 한명이었으면 격투를 해도 충분히 물리쳤을 것인데 3명은 이길 수 없었다.

"이놈들을 내가 언젠가는 붙잡아 꼭 내 돈을 찾아 낼 거다. 내가 어떻게 모은 돈인데."

난 혼자 이불 속에서 중얼중얼 거렸다. 그렇게 혼자서 중얼거리기라도 해야 덜 억울할 것 같았기 때문이다.

나는 일단 구두닦이 하는 아이들과 친해지고, 형들에게 잘 보여 그놈들을 붙잡은 뒤 맞은 것의 배로 두들겨 패줄 생각도 했다.

잠시 허리를 일으켜 세워보려는데 방문 밖에서 인기척이 났다. 누군가 방문을 열었다. 실눈으로 보니 어제 나를 데려 왔던 대빵 형이었다.

나는 누워있는 것이 예의가 아니다 싶어 끙끙거리며 일어나 앉았다.

"어…… 괜찮아, 그냥 누워 있어."

형은 만류했지만 나는 일으켜 세운 몸을 다시 누일 수는 없었다.

"괜찮아유. 이만 일어 나것구만유."

대빵 형이 방으로 들어왔다. 왼손에는 합판으로 만든 조그마한 박스를 하나 들고 있었다.

"그래. 일어났으니, 어제 그 양아치들 한테 맞은 곳 좀 보자."

방으로 들어온 대빵 형은 나에게 상처 난 곳을 보여 달라고 했다.

나는 아픈 쪽 다리부터 걷어 올렸다. 바지가 잘 걷어지지 않았다.

"안되겠구나, 일단 바지 좀 벗어봐."

내가 바지를 벗는 동안 대빵 형은 갖고 온 박스를 위로 열고 그 안에서 둥근 양철통 같은 것을 하나 꺼냈다. 그리고는 뚜껑을 벗겼다.

이상한 냄새가 났다. 태어나 처음으로 맡아보는 냄새였다. 5센티 남짓한 둥근 양철통 뚜껑에는 안티푸라민이라는 글씨가 쓰여 있었다. 이름도 처음 들어보는 것이었다.

나는 바지를 벗고 팬티 바람으로 자리에서 일어섰다. 내 엉덩이에 걸쳐져 있는 팬티는 운동회 때나 입는 검은색 반바지 같은 거였다. 약간 부끄럽게 생각하는데 대빵 형은 거들떠보지도 않았다.

목욕을 언제 했는지 알 수 없을 정도로, 다리 곳곳에 때 같은 자국들이 보였다. 그럼에도 대빵 형은 내 다리 곳곳 멍든 곳에 그 약을 발라주었다. 자세히 보니 복숭아뼈 쪽이 많이 부어 있었다.

"야 이거 많이 부었는데, 여기는 이거 며칠 더 발라야겠구나. 이 약 나갈 때 여기 두고 갈테니 며칠 발라 봐. 덜 아플거야."

대빵 형은 참 따뜻했다. 마치 나를 친동생처럼 대해주는 것 같았다.

시골에서는 자빠지고 깨져도 그대로 아물도록 두는 것이 고작이었다. 심지어 깨진 곳에서 나는 피가 지혈이 잘 안되면 부드러운 흙을 상처부위에 바르기도 했다. 신기하게도 그러면 상처 부위에 딱지가 앉고 얼마 지나지 않으면 딱지가 떨어졌다.

그런데 대빵 형은 비싼 약을 직접 가지고 와 나에게 발라 주고 있는 것이 아닌가. 고마운 나머지 나도 모르게 뜨거운 눈물이 주르륵 흘러내렸다.

눈물 두 방울이 바닥에 두둑 떨어졌다. 대빵 형이 약을 바르다 말고 고개를 들어 나를 쳐다봤다.

"야, 임마! 남자가 눈물이 많으면 안 돼. 앞으로 울 일도 많을 텐데 아껴둬."

대빵 형은 말도 멋지게 했다. 매사 내뱉는 말이 부처님 같았다. 나는 그렇게 조금씩 대빵 형에게 빠져들고 있었다.

약을 다 발라 준 형은 얼른 줄에 걸린 구두 닦는 천을 하나 걸어 약 바르던 손을 닦았다.

"아참! 너 어제 구로공단 취직하러 간다고 하던데 거기 누가 있니?"

갑자기 대빵 형이 구로공단 취직얘기를 꺼냈다. 나는 사실대로 말해야겠다고 생각하고 대빵 형에게 어제 있었던 일을 털어놓았다.

"저는요, 구로공단에 아는 사람이 없구만유. 그냥 시골에서 서울 가면 구로공단에 취직할 수 있다는 이야기를 많이 들어서 무작정 올라온 것이구만요."

대빵 형은 기가 막힌다는 듯 피식 웃었다.

"야! 서울이 너거 집 안방인 줄 아니. 더욱이 너 같은 아이들은 취직할 때도 없어. 그러니까 여기서 몇 년 열심히 해서 돈 좀 모아지면 고향으로 내려가.”

대빵 형의 말은 틀린 것이 하나도 없는 듯 보였다. 나에게 구로공단 취직은 그저 상상 속에만 있었지 아무런 정보도 없었기 때문이다.

형은 일어나서 나가면서 나에게 배고프면 큰 방에 와서 밥을 먹으라고 했다. 그때서야 아침때가 넘었다는 것을 알았다.

사실 배가 무척 고팠다. 어제 저녁 풀빵 몇 개와 물로 배를 채운 것이 전부였으니 허기가 질 정도였다.

나는 바지를 걸쳐 입고 밖으로 나가 대빵 형이 있는 큰 방 앞으로 갔다.

“형, 저 왔시유.”

“응, 문 열고 안으로 들어와.”

방문을 열고 대빵 형이 있는 방으로 들어가니 그곳은 제법 뭔가를 갖추고 있는 것같이 보였다. 슬쩍 둘러보니 라디오도 보이고, 낡았긴 하지만 책상도 있었다. 그러나 담배를 얼마나 피워댔는지 담배냄새가 진동했다.

대빵 형은 다리를 꼬고 누워서 만화를 보고 있었다. 나를 쳐다보지도 않았다.

“거기 신문지 덮어 놓은 것 벗겨 봐. 밥이 있을 거야, 그거 먹어.”

신문지를 걷어 내니 은빛 양은으로 된 밥상위에 먹다 남은 것 같은 보리밥과, 김치, 단무지, 삶은 감자 몇 개가 보였다.

나는 그 앞에 앉아서 내가 먹어도 되는 것인지 대빵 형에게 물어 보았다.

“형! 이거 내가 먹으면 되는감유.”

“응, 다 먹어.”

대빵 형은 만화에 재미가 빠졌는지 건성으로 대답하고 있었다.

수저를 들었다. 배가 고프던 참이어서 그런지 정말 밥맛이 꿀맛 같았다. 김치도, 단무지도 입 안에서 살살 녹았다. 남아 있던 밥과 반찬까지 싹싹 긁어 먹었다.

"형, 여기 감자는 먹으면 안 되것지유."

"아니 괜찮어. 너가 다 먹어."

대빵 형은 인심도 참으로 좋은 사람 같았다. 누군가가 먹어야 할 음식인데 내가 다 먹도록 배려했으니 말이다. 살짝 미안한 마음이 들었다.

밥과 감자를 다 먹고 숟가락을 놓자 대빵 형이 마치 보고 있었다는 듯 말을 건넸다.

"거기 위에 옷걸이에 봐봐. 잠바 보이지."

"예."

벽에 달라붙은 옷걸이에는 두툼한 잠바 몇 개가 걸려 있었다. 모두 어디서 얻어 온 것처럼 보였다.

"그기에 있는 것 아무거나 하나 걸쳐 입고 애들 일 하는 곳에 나가봐."

"예, 형."

밥과 감자를 배부르도록 먹은 나는 두툼한 잠바를 걸치고 아이들이 일하는 일터로 나갔다.

발걸음이 시원찮았다. 여전히 몇 발자국 걸으니 복숭아뼈 통증이 살짝살짝 나타났다. 그래도 약을 발라 그런지 훨씬 덜했다.

뒤뚱 뒤뚱 용산시외버스터미널로 걸어갔다. 터미널 주변을 이리저리 살피는데 나를 먼저 발견했는지 저쪽에서 민준이가 손을 흔들고 있었다.

"어이 촌닭. 이리와."

민준이는 나를 촌닭이라 부르고 있었다. 그러나 그 말이 귀에 거슬리지 않았다. 오히려 이름을 부르는 것보다 그런 이름을 불러주는 것도 괜찮겠다는 생각이 들었다. 그것이 또 빨리 친해지는 계기가 될 수도 있다는 생각을 했다.

민준이는 손님이 없어 그런지 구두 통 위에 앉아 터미널을 왕래하는 사람들에게 "구두 닦으세요, 구두 깨끗이 닦아드립니다"를 부르짖고 있었다.

내가 민준이 일하는 곳까지 가까이 오자 민준이는 반갑게 맞아 주었다.

"몸이 많이 아프다고 하더니 괜찮아진 거야."

"응 많이 좋아진 것 같구먼."

옆으로 다가가자 민준이가 코를 실룽거렸다.

"야, 너 안티푸라민 발랐구나."

"응, 대빵 형이 발라줬구먼."

"뭐야! 대빵 형이 발라 주었다고……."

민준이는 다소 의아해 했다. 마치 다른 사람에게는 안티푸라민을 발라주지 않았는데 나에게만 발라 준 것이라고 말하려는 듯 보였다.

"민준아, 내가 지금부터 할 일을 뭔지 알려줘 봐."

"너, 다리가 아파서 일 하겠냐."

"이 정도는 괜찮어."

"그럼 좀 있다 막둥이 오면 함께 구두 찍어 오면 돼."

"알았구만."

'구두닦이' 말로만 들었지, 내가 구두닦이가 될 줄이야 꿈에도 상상도 못했다. 하지만 별반 다른 방법이 없었다.

일단 여기서 일을 해서 한두 푼 모아지면 다른 공장 같은데 취직하면 될 것 아닌가 하는 생각이 들었다.

나는 민준이 옆에서 민준이가 손님들에게 어떻게 하는지, 구두는 어떻게 닦는지, 돈은 얼마나 받는지 유 심히 지켜봤다.

민준이는 몇 년을 했는지 모르지만 닳고 닳은 것 같았다. 마치 구두 닦는 기술자 같이 보였다.

한 시간여 민준이 옆에 있는데 저쪽에서 알아듣지도 못하는 뭔가를 부르짖으며 막둥이가 구두 두 켤레를 들고 껑충 껑충 달려오고 있었다.

막둥이가 우리 가까이 와서는 나에게 인사를 건넸다.

"형, 나왔어, 일 할 수 있어?"

"너랑 같이하면 할 수 있을 것이구면."

"좋아. 내가 시범을 보일테니 같이 가."

나는 막둥이를 따라 터미널 옆 어느 다방으로 올라갔다. 막둥이는 자리마다 다니면서 사람들에게 뭔가를 중얼거리며 연신 허리를 굽신거렸다.

나는 입구에 서서 멍하니 막둥이를 바라보았다. 몇 곳을 그런 식으로 다니더니 한건을 올렸는지 나를 불렀다. 나는 재빠르게 막둥이 있는 쪽으로 갔다.

막둥이는 나에게 손님이 벗은 구두를 들고 따라 오라고 했다. 나는 손님이 벗은 구두를 들고 막둥이를 따라 다방 곳곳을 헤집고 다녔다.

다방 주인도 흔한 일인지 아니면 불쌍해서인지 관여하지 않았다. 오히려 그런 일을 당연시 하는 것 같았다.

우리는 그렇게 해서 무려 4켤레나 되는 구두를 그 다방에서 수거했다.

둘은 두 켤레씩을 나눠 들고 민준이에게로 갔다. 민준이는 우리가 가져다 준 구두를 깨끗이 닦았다.

나는 혼자서 민준이가 닦아놓은 구두를 가져다 줄 생각으로 4켤레 모두를 들고 다방으로 갔다.

다방에 올라가자 누구 구두인지 알 수 가 없었다. 일단은 테이

블을 생각하고 그쪽으로 가서는 손님에게 자기 구두를 찾을 것을 부탁했다.

다행히 3컬레는 주인에게로 돌아갔다. 마지막 한 컬레를 들고 내가 두리번거리는데 화장실 다녀오던 아저씨가 자신에게 갔다 달라며 손짓을 했다.

나는 다리가 아팠지만 나름은 잽싸게 그 아저씨 자리로 가서 구두를 내려놓았다. 그런데 그 아저씨가 나보고 자신의 발에 구두를 신겨 보라고 했다. 이상하다는 생각이 들었다.

다른 아저씨들은 모두 자신이 직접 구두를 신는데 이 아저씨는 달랐다. 그러나 이 바닥을 잘 몰랐기 때문에 일단 신겨 드리고 일어날 참이었다.

신발을 신겨주니 이번에는 아저씨가 내 뒤통수를 쳤다. 그냥 꿀밤이 아니라 제법 아팠다. 아픈 나머지 힐끔 쳐다보니 아저씨가 손가락으로 내 이마를 눌렀다.

"너, 이 바닥 처음이지."

"예."

"야, 이 자식아! 구두를 가져갈 때 내 것부터 가져갔으면 나부터 갔다 줘야 할 것 아니야."

정신이 번쩍 들었다. 좀 전 뒤통수를 맞았을 때 약간 기분이 나빴는데 내가 잘못한 것 같아 이내 죄송하다는 인사를 했다.

"죄송합니다."

"너, 앞으로 똑바로 해."

"네."

나는 공손하게 인사를 드리고 다방 밖으로 나왔다. 첫날 첫 작품부터 버렸다. 쪽팔려서 이이들에게 물어 볼 수도 없었다.

이날 나는 막둥이와 약 14컬레 정도의 구두를 찍어왔다. 그런데 크게 좋은 싱직은 아니라고 했다.

저녁때가 되어서야 집으로 돌아왔다. 곳곳에서 구두를 닦아주고 받은 돈을 아이들은 기계처럼 대빵 형에게 바쳤다.

돈을 받을 때의 대빵 형은 좀 무서워 보였다. 모두에게 주머니 같은 것을 털어보이게 했다. 이유는 번 돈 1원이라도 우리가 챙겨서는 안 된다는 것을 보여주고 있었다.

저녁이 되자 대빵 형이 부엌에서 한 솥 가득한 밥을 가지고 나왔다. 아이들은 각자 쭈그러진 양은 밥그릇 하나씩을 들고는 솥 앞에 섰다.

대빵 형은 아이들의 밥그릇에 밥을 수북이 떠주었다.

밥을 받은 아이들은 누가 시킨 것처럼 바케스를 열고 김치와 단무지를 꺼내서는 죽 둘러앉아 맛있게 먹었다. 그때 보니 나에게 내어 줬던 양은 밥상은 대빵 형의 전용이었다.

아이들은 점심을 굶은 채 김치와 단무지가 전부인 저녁으로 허기진 배를 채우고 있었다.

나중에 알았지만 우리들에게는 1식 2찬의 아침과 점심만 제공됐다. 아이들은 대빵 형이 자신들이 구두 닦아 모아 온 돈으로 집세내고 우리에게 밥을 먹여주고 있다고 생각했다. 오히려 고마워하는 눈치였다.

사실 그곳에 있는 아이들의 대부분은 고아거나 아니면 나처럼 오갈 데 없어 끌려 온 아이들이다. 불쌍하기 그지없는 아이들이었지만 그들이 두 끼라도 먹고 사는 길이기에 잘 길들여져 있었던 것이다.

대빵 형은 각자에게 누가 구두 닦은 돈을 뼹땅치는지 잘 감시하라는 지시까지 했다. 때문에 만약 몇 푼이라도 뼹땅치면 엄청나게 얻어터진다고 했다.

찍새에서 딱새로 변신

나는 구두닦이 일도 남들보다 열심히 했다. 몇 개월이 흐르자 나는 찍새에서 딱새로 신분이 상승됐다.

대빵 형도 간간히 나를 칭찬했다. 구두 닦는 솜씨도 나날이 발전해 민준이와 어깨를 나란히 할 정도가 됐다.

나는 용산시외버스 일대는 빠꿈이가 될 정도로 곳곳을 빠르게 습득해 나가고 있었다.

그러던 어느 날 대빵 형이 나에게 새로운 지시를 내렸다.

"앞으로 촌닭은 터미널 쪽은 다른 아이들에게 맡겨두고 두 명 정도 붙여 줄테니 서울역과 남대문시장 일대로 구두통을 직접 매고 다니면서 구두를 딱아 봐."

새로운 시장개척을 하라는 소리였다. 하지만 나는 새로운 시장개척이 아니라 보이지 않는 곳을 돌아다니다 적당히 몇 푼씩을 삥땅칠 생각이었다. 어떻게든 여기를 빠져나가야 한다는 생각 때문이었다.

사실 고마운 아저씨들은 구두 잘 닦아주면 몇 백 원 팁도 주었다. 심지어는 구두닦이들이 불쌍해 보여서인지 간혹 지폐도 주는 사람들이 있었다.

나는 양심껏 구두 닦은 돈은 대빵 형에게 주고, 이처럼 팁이나 불쌍해서 주는 돈은 내가 좀 삥땅쳐도 괜찮다고 생각했다.

나는 대빵의 지시가 있는 다음 날부터 서울역과 남대문 일대를 돌아다니며 구두 닦으라는 소리를 목이 쉬도록 외쳤다. 벌이도 괜찮았다. 저녁이면 대빵 형의 칭찬 대부분이 내 칭찬이었다.

6개월 정도가 넘어서자 나의 실력은 거의 프로구두닦이 수준이 됐다. 남들보다 광도 잘 냈고 속도도 빨랐다.

하루는 서울역 부근에서 동료 두 명과 자리를 잡고 구두를 닦아주고 있는데 점심때 쯤 돼서 건장한 아저씨 한분이 구두를 닦으러 왔다.

걸음걸이는 물론 말투도 영 꺼림칙했다. 건들건들 내 앞으로 오더니 구두통에 발을 올려놓았다. 그리고는 반말로 구두를 닦을 것을 주문했다.

"야! 구두 멋지게 한번 닦아봐."

나는 답변도 하지 않고 열심히 구두를 닦았다. 구두는 내가 봐도 잘 닦았다. 그 순간 아저씨는 안 닦은 쪽 구두로 다 닦은 쪽 구두 앞쪽을 밟아 비틀더니 갑자기 나에게 욕설을 퍼부었다.

"야, 이 새끼야, 구두를 개떡같이 닦아. 내 구두 다 버렸잖아. 이 새끼 구두 물어내. 이게 얼마짜리인줄 알어."

그 옆에서 구두를 닦던 아저씨들이 의아해서 우리 쪽을 쳐다봤다. 갑자기 아저씨가 욕을 하니 마치 내가 구두를 잘못 닦아 비싼 구두를 버려놓은 것으로 바라보는 눈치였다.

욕설을 막 해대던 아저씨는 자기 분을 삭이지 못한 듯 이번에는 난데없이 내 손가락을 구둣발로 짓이겼다.

손가락이 찢어져 피가 났다. 동료들이 얼른 구두 닦는 천으로 상처를 싸맸다.

"개판으로 구두 닦는 이 새끼, 아예 손가락을 분질러놔야 정신을 차리지."

참으로 막무가내였다. 잘못은 자신이 해놓고 모두 나에게 뒤집어씌운 것이다. 나도 열 받았다. 너무 한다는 생각에 목소리를 높여 달려들었다.

"아저씨가 아저씨 구두 밟아놓고 왜 나한데 뒤집어 씌우는 거에요."

"이 자식 봐라. 뒈지려고 환장했나. 어디서 대들어,"

순간 '빵!' 소리와 함께 내 구두통이 저쪽으로 내동댕이치고 있었다. 흥분한 아저씨는 다른 동료 구두통까지 마구잡이로 걸어찼다.

우리가 필사적으로 달려들자 뺨까지 후려쳤다. 이처럼 일방적으로 얻어맞고 있는데 어디서 나타났는지 구두닦이 7명이 잽싸게 달려와 우리를 향해 발길질과 주먹질을 해댔다.

안되겠다 싶어 나는 "토껴!"라는 말을 외치며 용산 쪽으로 삼십육계 줄행랑을 쳤다. 다른 동료 두 명도 나를 따라 뛰었다. 그런데 이상하게 따라오지는 않았다.

구두통을 빼앗긴 우리는 이 사실을 대빵 형에게 알렸다. 대빵 형은 손가락까지 다쳤다고 했는데도 큰 반응을 보이지 않았다. 오히려 구두통을 빼앗겼다는데 더 흥분했다.

"야, 이놈들아. 어떤 일이 있어도 구두통은 들고 튀어야지, 이런 정신 나간 놈들을 봤나."

대빵 형은 나에게 안티푸라민을 발라 줄 때와 달라도 너무 달랐다. 두 얼굴을 보여주는 것에 섬뜩한 느낌이 들었다.

"돈은?"

우리는 그때까지 번 돈을 모두 대빵 형에게 내 놓았다. 돈을 다 받아든 대빵 형은 돈에만 관심이 있는 사람처럼 보였다.

대빵형은 방으로 들어가면서 우리에게 구두통을 다시 만들라고 했다.

벽이 되어 줄 것이라 믿었던 대빵 형에게서 큰 실망을 하고 말았다. 괘씸했다. 다행히 아이들이 구두통 만드는데 전문가 수준이라 이내 3개를 만들었다.

저녁에 상처 난 손가락의 천을 풀어내니 제법 많이 파여 있었다. 그러나 대빵 형에게 약을 달라고 할 수는 없었다. 나는 다른 천으로 상처부위를 동여맸다. 나중에 상처가 남을 것처럼 보였다. 그날 저녁 난 이불 속에서 소리 없는 서러움의 눈물을 한없이 흘렸다.

그런 일이 일어난 후부터는 서울역 가기가 두려웠다. 또 다시 같은 일이 벌어질 수 있겠다는 생각에 활동반경을 남대문시장 쪽으로 고정시켰다.

나중에 들은 얘기지만 그날 내 손가락을 짓이긴 사람은 서울역 구두닦이들로부터 돈을 뜯어가는 깡패였다.

이해는 됐다. 남의 구역을 침범했으니 몰매를 안 맞은 것만으로도 다행이었다. 내가 대빵의 말만 듣고 들이댄 것이 잘못이었다.

나는 다방이나 음식점이 아닌 이동 중인 손님들을 대상으로 구두를 닦는 것은 정확히 남의 나와바리('내 구역이다'는 일본말, 주로 깡패 집단 등에서 많이 사용했음) 침범이 아니라고 생각했던 것이다.

다행히 남대문시장은 오가는 사람들이 많은데다 싸움을 벌이거나 할 수 있는 환경이 아니었다.

나는 특정한 장소에서 자리를 잡고 찾아오는 손님들을 대상으로 구두 닦는 방법이 아닌, 돌아다니며 현장에서 바로 닦아주는 방법을 택했다.

손님들도 좋아했다. 즉흥적으로 닦는 사람들도 많았다.

시간은 흘러 내가 구두 통과 함께한 시간이 11개월째를 맞고 있었다. 나는 이때부터 몇 푼씩 생긴 돈을 모았다.

이곳을 빠져나간 후 사용할 목적으로 구두약 통에 꼬깃꼬깃 모았다. 그런데 불과 얼마 되지 않아 대빵에게 발각되고 말았다.

하루는 다른 동료가 바삐 나가는 바람에 내 구두통을 들고 나갔던 것이다. 이 친구가 구두약 통 속의 돈을 발견하고는 그대로 대빵 형에 일러바쳐 버렸다.

나는 곧바로 대빵 형에게 불려갔고, 진짜 반 초죽음이 되도록 두들겨 맞았다. 거의 조폭 수준이었다. 손과 발로 때리다 안 되니 몽둥이로 두들겨 팼다.

나는 이러다 죽을 것 같다는 생각에 땅바닥에 꿇어앉아 다시는 안 그러겠다며 싹싹 빌었다.

내가 눈물을 흘리며 빌자 그때서야 대빵 형은 매질을 멈췄다. 배신감이 들었다. 증오가 가슴 깊은 곳에서 분출하기 시작했다.

나는 그날 밤 매질당한 고통과 현실의 아픔을 동시에 삭이며 깜깜한 잠자리에서 뜨거운 눈물을 들이마셔야 했다.

문제는 대빵 형과 싸워 이길 수 없다는 것이었다. 무조건 참을 수밖에 없었다. 그렇다고 야반도주나 일하다말고 도망갈 수 있는 처지도 아니었다. 누군가는 항상 나를 감시하고 있다는 인상을 대빵 형이 수시로 풍겼기 때문이다.

도망도 포기했다. 그저 두 끼 밥이라도 배불리 먹자는 생각 이외는 모두 부질없는 것이었다. 나도 다른 아이들과 마찬가지로 대빵 형에게 돈을 벌어다 주는 기계가 되어가고 있었다.

그러나 하늘이 무너져도 솟아 날 구멍이 있었다.

1년이 넘어 가는 어느 날 나는 남대문 시장 가장 복잡한 곳에서 신사 분의 구두를 닦고 있었다. 그 순간 여자 목소리인데 누군가가 내 이름을 부르고 있었다.

제4장
작은 희망

작은 이모와의 극적인 상봉

어떤 여자 분이 내 곁으로 와서는 "너 혹시 태면이 아니니?"하고 물었다.

"예, 저가 태면이 맞는데유……."

"그래. 맞어, 너 송암부락서 왔지. 맞지."

"예, 맞구만유."

"그래, 태면이구나, 태면이구나."

그 아주머니는 많은 사람들이 보고 있는 시장 한복판에서 나를 와락 껴안고는 눈물을 터뜨렸다. 서울에 살고 있다는 얘기만 들었지 한 번도 만나보지 못했던 이모였던 것이다.

"그래. 그래. 니가 어떻게 구두닦이를 다 하냐."

이모의 울음은 이산가족을 만난 것처럼 한동안 계속됐다. 나도 같이 울었다.

이모와의 극적인 상봉보다는 지긋지긋한 구두닦이 소굴에서 탈출할 수 있겠다고 생각하니 하늘을 날아갈 것만 같았다.

나는 지난 1년여 간의 힘들고 배고팠던 구두닦이의 아픔을 내려놓기 위해 구두통을 쓰레기통에 버렸다. 그리고 이모 손을 잡고 남대문 시장통을 터벅터벅 걸었다.

하늘이 무너질 것 같았던 찰나에서 나는 극적으로 회생했던 것이다.

남대문시장에서 구두를 닦는 나를 알아 본 이모는 구세주였다. 만약 이때 이모를 만나지 못했으면 난 구두닦이 대빵이 아니면 깡패가 됐을 수도 있다.

탈출을 할 수도 없는 환경, 돈을 벌어도 한 푼도 갖지 못하는 규율, 오로지 두 끼 밥만으로 살아가는 구두닦이 인생의 끝은 두 가지만 보였기 때문이다.

사실 이런 곳에 걸려들면 자력으로 빠져 나오기란 쉽지 않았다. 설령 빠져 나온다 해도 마땅히 갈 곳이 없다면 결국 또 다시 끌려오는 신세가 되고 만다.

실제 이런 아이들을 1년여 있으면서 간간이 보아왔다.

나는 이모를 따라가면서 어떻게 이모가 나를 알아보았는지 궁금했다. 내가 태어나 단 한 번도 본적이 없었기 때문에 더욱더 궁금증이 일었다.

몇 번이고 이모에게 물어 보려다 잠자코 따라 걸었다. 5분 정도를 걸었을까 이모가 식품가게 앞에 멈춰 섰다.

"태면아, 여기가 이모가 장사하는 가계야."

이모 식품가게는 크지는 않았지만 물건들이 빼곡히 진열돼 있었다. 제법 부자처럼 느껴졌다.

"자, 들어가자"

이모는 내 팔을 잡고 가게 안으로 들어갔다. 가게 안에는 이모부로 보이는 아저씨 한분이 물건을 팔고 계셨다.

"여보, 얘가 송암부락 할머니 댁에 보내진 태면이예요."

나는 이모 말이 떨어지기 무섭게 다소 어색한 듯 "안녕하세유."라며 짤막하게 인사를 했다.

"그려, 그런디 대면이가 여긴 무슨 일이여?"

이모부가 나에게 묻는 것 같았는데 이모가 먼저 대답을 해버렸다.

"아, 글쎄. 야가 지그 앞에서 구두를 닦고 있지 뭐예요."

"가가 왜 거기서 구두를 닦고 있당가."

몇 마디를 주고받는데 손님들이 들랑날랑해 말을 계속 이어갈 수 없었다.

"태면아. 여거 앉아서 쪼까 기다려, 알았지."

이모 목소리는 충청도 말과 서울말이 짬뽕이 돼 어찌 들으면 충청도 말 같고 어찌 들으면 서울말 같았다.

이모는 손님을 기다릴 때 사용하는 듯한 의자에 나를 앉게 했다. 그리고는 깎아놓은 과일을 먹으라며 내주셨다.

과일을 먹으면서 가게 안을 살펴보았다. 시골에서는 보지 못한 식품들이 무지 많았다. 돈을 많이 벌고 있는 듯 보였다.

이모 가게에는 전화도 있었다. 물건을 팔고 있는 동안에도 이모부는 전화를 받으면서 뭔가를 기록하고 있었다.

그리고는 "바로 가겠습니다."며 허리를 굽신거렸다. 감사함에 대한 습관적인 행동 같았다.

전화를 끊은 이모부는 받아 적은 메모지를 보면서 박스 같은데 물건을 담았다. 그리고는 자전거에 싣고 어디론가 가버렸다. 배달을 간 모양이었다.

저녁 시간이 지나 오후 8시가 다 돼서야 이모가게는 손님들의 발길이 뜸해졌다. 그때서야 이모는 한숨을 돌리는 듯 나에게로 와 다른 의자에 앉으셨다.

"그래. 태면아, 서울은 어떻게 왔으며, 구두닦이가 뭐니."

나는 의자에 앉은 이모에게 자초지종을 말씀 드렸다. 시골에서 살 때를 비롯해 구두닦이가 될 수밖에 없었던 이야기를 모두 털어놓았다.

내 얘기를 듣고 있던 이모가 갑자기 나를 와락 껴안더니 또다시 통곡의 눈물을 쏟아냈다. 그리고는 내 얼굴을 만져보셨다.

이모의 눈물은 반갑기도 하지만 내가 불쌍해서 흘리는 것 같았다.

이모는 눈물을 흘리면서도 연신 "얼마나 고생했냐?" "얼마나 고생했냐?"라는 말을 반복하셨다.

이모는 그렇게 한동안 나를 껴 앉고 놓지 않았다. 엄마의 가슴처럼 따뜻했다.

내 눈가를 타고 흐르는 눈물을 이모가 맨손으로 닦아 주시더니 울음을 그치고는 외할머니 안부를 물으셨다.

"그래. 외할머니는 건강하시냐, 어떻게 지내시고 계시냐?"

"할머니는 잘 계시긴 한데 저희 남매들 때문에 고생이 많으세유."

"그래도 외할머니가 너거들을 참 잘 보살폈구나."

이모 목소리엔 분명 나의 출생비밀과 엄마 아빠가 우리 남매들을 외할머니 집에 맡긴 이유를 알고 있는 듯 보였다.

내가 한번도 본적 없는 이모가 길거리서 나를 알아 볼 정도면 나의 성장과정에서 한두 번은 어떻게든 봤을 것이라는 짐작이 가능했기 때문이다.

순간 엄마 아빠의 소식이 궁금해졌다. 이모에게 물어 보면 엄마 소식 정도는 알 수 있지 않을까라는 생각이 들었다.

돈을 벌려고 서울 왔다는 꿈은 잠시 접어두고 난 엄마나 아빠의 소식을 이모께 물어 보고 싶었다.

이모는 내가 엄마 아빠의 소식을 들으러 온 것이 아니라 다른 볼일이 있어 서울에 왔다가 구두닦이 신세가 된 것으로 생각하고 있는 듯 했다. 나는 조심스럽게 말을 꺼냈다.

"이모! 저 물어보고 싶은 게 있는데요.'"

"그래. 뭔데? 말해 봐."

"사실은 제가 서울로 온 것은 돈을 벌려고 한 것도 있지만 엄 미니 아빠 소식을 듣고 싶이 올라 왔네유."

순간 이모의 눈이 동그랗게 커졌다.

"그랬구나."

그러면서도 이모의 표정은 이내 컴컴해지셨다.

아! 이모도 모르고 게시나 보다. 내 머릿속은 백짓장처럼 돼 버렸다. 그 오랜 시간 가슴속에 품어왔던 보고 싶은 엄마, 그리운 아빠에 대한 희망이 눈 녹듯 스르륵 내 몸 속에서 빠져나가는 것 같았다.

"태면아, 어쩌면 좋니. 나도 니네 엄마 아빠 소식 못들은지 엄청 오래됐구나."

"예전엔 알고 있었다는 예긴감유."

"아니! 핏덩이 같은 너희 4남매를 할머니에게 맡기고 소식을 끊었다는 것 말고는 아는 것이 없구나."

나는 고개를 숙인 채 이어지는 이모의 말씀만 귀에 담았다.

"나도 혹시나 소식이 올까 기다렸지만 지금까지 아무런 소식을 듣지 못했다. 미안하구나."

정말 무심한 엄마, 아빠라고 생각하니 순간 화가 치밀어 올랐다. 나도 모르게 소리를 확 지를 것 같았다. 심장이 터질 것 같았고, 그 실망감에 어찌 할지 몰랐다.

이모가 등을 두드리는데 주책없는 눈물이 또 왈칵 쏟아졌다. 이제는 영원히 만날 수 없는 엄마 아빠라고 생각하니 크나 큰 실망감까지 홍수처럼 밀려왔다.

그냥 앉아 있을 수가 없었다. 이모 가게를 박차고 나왔다. 그리고는 미친 듯 남대문 시장을 헤집고 다녔다. 미칠 것만 같았다. 지금까지 숱한 고생을 하면서도 부모를 만날 수 있다는 조그마한 희망의 끈을 놓지 않았었는데…….

한 시간여를 돌아 다녔을까 조금은 진정이 되는 것 같았다. 시장통 한쪽 구석에 있는 화장실로 찾아 들어가 눈물 흘린 자국을 씻어냈다. 그리고 이모 가게로 다시 향했다.

스무 발 걸음 남짓 떼었을 때 내 또래의 아이가 자신의 덩치보다 더 큰 짐을 어깨에 메고 땀을 뻘뻘 흘리며 "짐이요, 짐이요"를 외치며 어디론가 바쁘게 가고 있었다.

이모 가게로 가는 중에 이런 아이들을 나는 심심찮게 볼 수 있었다.

다시 찾은 이모가게는 곧 문을 닫을 것처럼 짐정리가 한창이었다. 가게 앞에 나타난 나를 본 이모는 짐을 꾸리다 말고 내 손을 잡으셨다.

"어디 갔다 왔냐. 이모가 얼마나 걱정했는데."

"네. 가슴이 답답해서 잠시 시장 구경 좀 하고 왔구만유."

"그래. 여기 조금만 앉아 있거라. 이모가 짐 정리 빨리 끝낼 터이니 우리 집에 가서 저녁 먹자."

그냥 있기가 미안했다. 이모와 이모부를 거들어 재빨리 짐을 정리하고 가게 문을 닫았다.

이모부와 이모, 그리고 나는 시장통을 가로질러 큰 도로로 빠져나왔다. 시내버스를 타고 갈 모양이었다. 이모는 토큰 세 개를 지갑에서 꺼냈다.

버스를 기다리는 모습을 보고 있노라니 엄마도 저렇게 생겼을 텐데. 이모가 알고 있으면서도 안 알려주는 것은 아닌가하는 생각이 불현듯 뇌리를 스쳐갔다.

"이모! 엄마도 이모랑 많아 닮았남유."

난 넌지시 엄마 얘기를 또 꺼내 보았다.

"그럼, 친자매간인데…… 엄마 생각나면 이모 생각해."

이모와 내가 주고받는 말을 끊기라도 하듯 기다리던 버스가 도착했다. 이모가 먼저 올라 토큰 세 개를 어디엔가 집어넣었다.

이모부와 나도 뒤이어 올라탔다. 버스가 40여분을 달려가자 이모가 내리자는 신호를 보냈다.

버스에서 내린 나는 이모부 손을 잡고 이모와 함께 나란히 걸었다. 몇 분 걷지 않아 도착한 이모네 집은 근사하게는 보이지 않았지만 힘들게 돈 벌어 장만한 집 같았다.

대문을 열고 집 안으로 들어갔다. 서울에서는 잘사는 집처럼 안 보였지만 시골로 가면 제일 부자가 될 수 있겠다는 생각이 들었다.

방안에 들어서자 이모는 나를 길다란 쇼파에 앉으라고 하셨다. 그리고는 방으로 들어가더니 옷 몇 가지를 들고 나오셨다. 이모는 나에게 맞는 것을 골라 입으라며 옷을 건네주셨다.

츄리닝(체육복)도 있었고, 일반 바지, 셔츠 같은 것도 있었다. 나는 빈방으로 들어가 츄리닝과 셔츠로 갈아입었다.

밖으로 나오니 이모는 주방에서 저녁 준비를 하고 계셨다. 이모 집 주방에는 시골처럼 장작을 때는 것이 아닌 곤로라는 것을 사용하고 있었다. 신기했다.

내가 옷을 갈아입고 나오는 것을 이모가 보셨는지 밖에 있는 수돗가에 나가서 손발을 씻고 오라고 하셨다.

나는 수돗가로 가서 세수를 하고 손발을 씻었다. 손톱 밑에는 여전히 구두약이 끼어 있었고 손가락 끝에도 검은 색 구두약의 흔적이 오롯이 남아 있었다.

돈 십 원 못 받고 1년간이나 고생했던 구두닦이를 생각하니 팔자가 참으로 기구하다는 생각까지 들었다. 그래도 긴 한숨 한 번 들이킨 후 지난 1년을 운명으로 가슴에 아로새겼다.

세면을 한 후 거실로 늘어오자 그사이 이모께서 밥상을 모두 차리셨다. 진수성찬이었다. 식품가게를 해서 그런지 다양한 반찬이 밥상을 가득 메웠다. 밥도 이밥이었다. 지금까지 한 번도 보지 못했던 밥상이었다.

밥은 물론 반찬까지 모두 꿀맛 그 자체였다. 나는 순식간에 밥 한 그릇을 뚝딱 먹어치웠다. 아직 배가 차지 않았다. 앞으로 두 그릇도 더 먹을 수 있을 것 같았다.

밥을 더 달라할까, 아니면 숟가락을 놓을까, 생각하던 찰나에 이모가 밥을 더 먹겠냐고 물으셨다.

"네. 이모, 조금만 더 주세유."

이모는 내 처지를 알고 있었는지 다시 수북하게 한 그릇을 퍼주셨다. 이모네가 부러웠다.

이런 밥을 먹는 것이 얼마나 행복한 것인지 나는 온 몸으로 체험하고 있었다.

배불리 먹은 저녁상을 뒤로 하고 나는 이모와 이모부와 함께 앉았다.

이모는 과일 한 바구니를 갖고 와서 먹기 좋게 깎고 잘랐다. 이모의 칼이 자신의 몫을 다하고 쟁반위에 놓일 무렵 이모가 말문을 여셨다.

"태면아! 앞으로 어떻게 할 생각이니."

이모의 말에 나는 딱히 대답할 것이 없었다. 그러나 돈을 벌어야 한다는 생각 하나만은 굳게 내 가슴에 남아 있었다.

"직장 잡아서, 돈을 벌려고 하는데유."

"어디 알고 있는데 있냐."

"구로공단으로 가면 취직할 공장들이 많다고 들었시유."

"무슨 일을 할건데."

내가 머뭇거리자, 이번에는 이모부가 한 말씀 거드셨다.

"그것이 쉬운 게 아니여, 그리고 구로공단 공장들이 아무나 취직시켜 주는 거 아니여."

구두닭이 대빵이 한 말이나 이모부가 한말이나 별반 다르지 않았다. 말 그대로 구로공단에 무조건 찾아간다고 취직시켜주는 것이 아니라는 것이다. 그럴 수도 있겠다는 생각이 들었다.

내가 우물쭈물하고 있는데 이모는 나에게 이모 집 가게서 점원으로 일할 것을 권유하셨다.

딱히 어디 갈 곳도 없었지만 돈 10원짜리 하나 없는 처지라 이모의 말을 받아들일 수밖에 없었다.

남대문시장 식품가게 점원 되다

적어도 이모 집에서 다닌다면 입고, 먹고, 자고 하는 일은 한꺼번에 해결될 수 있을 것이라 믿었다.

"알겠구만유. 이모 가게서 무슨 일을 하면 되남유."

"별일 없어, 이모부가 하는 배달일 같은 것 정도 하면 돼."

이모가 말씀하시는 것을 보면 어려운 일은 아닌 듯 했다. 더욱이 낮에 이모부가 전화를 받고 배달을 가는 것을 보았던 터라 무슨 일인지도 대충 알 수 있었다.

이모 집에는 방이 3개 있었는데 그 중 하나를 창고 비슷하게 사용했다. 이모는 그 방의 짐을 잘 정리해서 내가 사용토록 해주었다. 머슴살이 할 때나, 구두닦이 할 때 잠자던 방에 비하면 내게는 호텔이나 다름없었다.

그날 저녁 나는 잠자리에 들기 전 구두닦이 할 때 모두 내려놓았던 꿈을 다시 재정립했다.

이모 가게에서 몇 년간 열심히 일해서 종자돈을 마련하면 그 돈으로 장사를 해서 많은 돈을 벌겠다고.

그날 밤 오랜만에 긴장이 풀렸던지 깊은 잠에 빠졌다. 일마늘

남대문 시장

잤을까. 달그락 거리는 소리에 눈을 떠보니 이모와 이모부가 벌써 가게 나갈 준비를 하고 계셨다.

　창문 쪽을 보니 바깥은 아직 어두웠다. 두 분은 오랫동안 이 시간에 가게를 나간 것으로 생각이 들었다. 누워 있을 수가 없었다. 자리에서 일어나 방문을 열고 나왔다.

　"태면이, 잘 잤냐?"

　이모부와 이모가 거의 동시에 물었다.

　"네, 잘 잤시유. 지금 가게 나가세유."

　"그래, 이모가 밥상차려 놓았으니, 아침 먹고 요 앞에 가면 목욕탕이 있응게. 거기 가서 목욕 좀 하거라."

　"목욕탕요."

"응, 나갈 때는 여기 열쇠로 대문을 꼭 잠그고 나가야 한다."

이모는 벽에 걸린 열쇠를 흔들어 보이셨다.

"아참, 너 앞에 봐. 그 봉지에 때수건 들었으니 그것 가지고 가서 때 밀면 돼."

내가 다소 의아한 듯 머뭇거리자 이모는 백 원짜리 몇 개를 손에 쥐어주시고는 "목욕하고 와. 오늘은 집에서 좀 쉬라."하고는 이모부와 대문을 빠져 나가셨다.

오랜만에 혼자 만끽하는 자유가 찾아 왔다. 밥이 있고, 잘 곳이 있고, 쉴 곳이 있다고 생각하니 너무 좋았다.

주방 쪽을 보니 밥상위에 알록달록한 천이 덮여 있었다. 이모가 차려놓고 간 밥상이었다.

나는 밥상위의 천을 걷어냈다. 어제 저녁보다는 못하지만 여전히 진수성찬이었다.

얼른 숟가락을 집어 들고 물 만난 고기처럼 밥과 반찬을 입속으로 밀어 넣었다. 먹는 것의 행복이 온 몸으로 전율처럼 타고 흘렀다. 어제 저녁밥과 오늘 아침밥은 그야말로 표현할 수 없는 최상의 진미였다.

굶기를 밥 먹듯 했고, 배고픔의 아픔을 뼈저리게 느껴 본 나였기에 배부름의 행복을 난 너무도 잘 알고 있었다.

어제 저녁에 이어 오늘 아침도 배불리 먹었다. 세상 부러울 것이 없었다. 빈 그릇을 들고 수돗가로 나왔다. 그래도 내가 먹은 밥그릇은 씻어 두는 것이 예의라는 생각에 깨끗이 씻어 다시 밥상위에 가지런히 놓고 보자기를 덮어두었다.

빈집에 혼자 있는 것이 이상했다. 나는 이모내 집 이곳저곳을 둘러보았다.

문득 엄마도 만약 서울에 살고 있다면 이렇게 살고 있을 거라는 생각이 들었다. 정확히 알 수는 없지만 서울사람들은 모두 이 정도는 산다고 믿었다. 집의 외관이나 내부 할 것 없이 시골과는 상대가 안됐기 때문이다.

한참을 둘러보다 이모가 가라고 한 목욕탕을 가볼 생각이 들었다. 이모가 두고 간 봉지를 열어보니 네모반듯한 연두색 천 같은 것이 보였다.

이모가 말한 때수건일거라 짐작했다. 옷을 걸쳐 입고 주머니에 때수건을 밀어 넣고 밖으로 나왔다.

이모가 말 한대로 대문을 걸어 잠근 후 줄이 달린 열쇠도 주머니에 잘 넣었다. 동네 골목에는 아침 출근시간대인지 사람들이 제법 많이 보였다. 모두 자신이 일하는 어디론가 가기위해 바삐 움직이고 있었다.

얼마 만에 나 혼자 배회하는 서울거리인가. 부여서 상경해 용산시외버스터미널에 내리자 말자 건달 형들에게 속아 돈을 모두 빼앗긴 이후부터 이모를 만나기 전까지 난 감시 속에 살았었다. 구두닦이 통을 친구삼아 자유를 빼앗긴 채 말이다.

목욕탕은 다행히 가까운 곳에 있었다. 나는 태어나 한 번도 목욕탕에 간적이 없었다.

시골에서 살 때는 냇가에서 멱을 감거나 아니면 집에서 1년에 한두 번 따뜻한 물을 데워 돌 같은 것으로 때를 밀었던 것이 전부다.

막상 목욕탕 앞에 도착하니 들어가는 방법을 몰랐다. 건너편에서 다름 사람들이 어떻게 하는지 유심히 바라보았다. 방법은 간단했다.

목욕탕 입구에서 버스표 사는 것처럼 생긴 구멍으로 돈을 주고는 오른쪽 남탕이라고 쓰인 문을 열고 들어가는 것이었다.

목욕탕 입구 쪽으로 갔다. 그런데 그 앞에 '어린이 여러분' 이라고 쓰인 수의 문구 같은 것이 붙어 있었다.

자세히 읽어보니 중학생이 초등학생이라고 속여 반값에 목욕을 하지 말라는 경고였다.

나는 입구에서 태연하게 300원을 내밀었다. 창틀 너머로 나를 쳐다보던 주인아저씨는 아무 말 하지 않고 숫자가 적힌 조그마한 표 딱지 하나를 주었다.

나는 그것을 받아들고 남탕이라고 쓰여 있는 오른쪽 문을 열었다. 안으로 들어가니 발가벗은 사람들이 여럿 있었다. 주위를 둘러보니 파란색 바구니 같은 곳에 사람들의 옷이 담겨 있는 것이 보였다.

느낌상 표 딱지에 적힌 숫자가 내 바구니라는 생각이 들었다. 바구니 쪽을 가보니 역시 비어 있었다. 그곳에 옷을 벗어놓고 주머니에 넣어 두었던 때수건을 들고 나는 난생 처음으로 탕 안으로 들어갔다.

수도꼭지 같은데 앉아 있는 사람도 있고, 탕 속에 몸을 담그고 있는 사람도 보였다.

어려서부터 눈물의 눈칫밥을 많이 먹어서 그런지 대충 감이 왔다. 탕 속에 들어가 때를 불린 후 수도꼭지 앞에 앉아 때를 밀면 되는 것이었다. 간단했다.

일단 남들이 하는 것처럼 물바가지 같은 것에 때수건을 담아 한쪽에 놓아두고 탕으로 향했다.

탕 안의 물은 굉장히 뜨거웠다. 발을 쑤욱 들이밀다 깜짝 놀랐다. 느낌상으로는 펄펄 끓는 물 같았다. 다른 사람들을 보니 발끝부터 조금씩 천천히 탕 안으로 몸을 밀어 넣고 있었다.

몇 번을 시도 끝에 탕 속 입수를 성공했다. 뜨거운 물에 몸을 담그니 몸이 사르르 녹는 것 같았다. 또 한 번 서울 사람들은 참 행복한 사람들이라는 생각이 들었다.

한참을 탕 안에 있었더니 얼굴에서 땀이 홍건해지는 느낌이

들었다. 탕 안에서 배 있는 쪽을 손으로 살짝 문질러보니 때가 벗겨지는 것 같았다.

나는 탕에서 나와 수도꼭지 쪽으로 간다. 이모가 준 때수건으로 가슴 쪽을 슬쩍 문지르니 때가 장판 말리듯 벗겨졌다.

15년 묵은 때가 벗겨져 나오는 것처럼 여겨졌다. 한참을 그렇게 문지르고 있는데 갑자기 옆에 있던 아저씨가 등짝을 좀 밀어달라고 했다.

무슨 영문인지도 모르고 일단 하라는 대로 아저씨의 등을 두 손으로 빡빡 밀었다. 나에 비하면 아저씨의 등에서는 때 같은 것이 별로 나오지 않았다.

내가 아저씨의 등짝을 다 밀고 나니 이번에는 아저씨가 내 등짝을 밀어주겠다고 했다.

나는 아저씨에게 등짝을 내밀었다. 몇 번을 문지르던 아저씨가 내 등짝의 때를 보고 놀랐는지 한 말씀하셨다.

"너 까마귀 사촌이지."

무슨 말인지 몰라 대답을 못했다. 그러자 아저씨는 또 다시 말을 걸어왔다.

"때 부자구나, 엄마가 목욕도 안시켜주더냐?"

그때서야 뭔 뜻인지 알았다. 때가 많다는 것을 빗대 하는 말이었다. 나는 아무 말도 못했다. 그날 아저씨는 내 등짝을 유리알처럼 밀어주셨다.

목욕을 끝내고 밖으로 나왔다. 그런데 아까 목욕탕 안에서 아저씨가 했던 말 중에 '때 부자'라는 말이 귀에 계속 맴돌았다. 거지나 다름없는 인생에도 비록 때 부자이긴 하지만 부자라는 말을 들으니 기분은 좋았다.

"그래. 때 부자도 부자다. 난 반드시 부자가 될 거야."

이모 집으로 오면서 난 부자가 될 것이라 다짐하고 또 다짐했다. 서울 상경시 다짐했던 '돈을 많이 벌겠다'는 것과 같은 각오였다.

목욕탕에는 어림잡아 서너 시간은 족히 있었던 것 같았다. 어쩌면 10여년 넘게 절어 붙은 때를 벗겨냈으니 긴 시간은 아니었다.

목욕을 하고 나서인지 배가 출출해졌다. 점심때가 된 것 같지 않은데 배꼽시계는 이미 정오를 알리고 있었다.

재빨리 이모 집에 들어와 아침에 먹었던 밥상에 앉았다. 밥이 없었다. 일어나 어제 저녁에 이모가 뭔가 끓이던 기계 쪽(곤로)을 보니 양푼이 같은 것이 올려져 있었다. 뚜껑을 열어보니 밥이었다.

양으로 봐서는 이모가 저녁까지 준비해두고 간 것 같았다. 숟가락으로 절반을 들어 밥상으로 갖고 왔다. 출출한 배를 채우는데 제격이었다.

점심 굶기를 바닷가 모래알처럼 많이 한 것 같은데 내가 바로 그 점심을 맛있게 먹고 있었다.

이날은 딱히 할 일이 없었다. 밥 먹고 자는 일 외는 스스로 할수 있는 일도 없는 것 같았다. 쇼파 옆에 보니 이모부가 보던 책인지 선데이서울이라는 잡지가 있었다.

펴서 읽어보니 요지경이었다. 나와 비슷한 인생스토리도 있고, 사춘기 심장을 흔들어 대는 글도 많았다. 이상야릇한 사진들도 있었다. 서울 사람만 읽는 책이라 생각했다.

쇼파에 걸터앉아 몇 번이고 자다 깨다를 반복했다. 그렇게 시간은 말없이 흘러 저녁때가 됐다.

점심 때 먹다 남은 밥으로 저녁을 때울까도 생각했지만 내심 이모가 차려주는 밥이 훨씬 좋을 거란 생각에 오시기를 기다렸다.

대문을 여는 소리가 나 밖으로 나가보니 이모와 이모부께서

집으로 오셨다. 대문을 들어오시던 이모가 나를 발견하고 환한
웃음을 지으셨다.

"데면이 목욕 갔다 오니께 서울사람 같네. 호호호."

이모부도 덩달아 "촌놈 티 확 벗었구면." 하시면서 "허허허."
하고 웃으셨다.

난 이모 손에 들린 봉투를 받아들고 집 안으로 들어갔다. 이모
는 어제처럼 또 저녁을 지을 모양이었다.

"태면이 저녁 아직 안 먹은거."

곤로 위에 반쯤 남은 밥을 보고 이모께서 물어 보셨다.

"혼자 먹으려다 이모 이모부와 같이 먹으려고 부로 안 먹었
시유."

"그래. 잘했다. 이모가 맛있게 저녁 차려 줄테니 같이 먹자."

나는 이모에게서 엄마에게 받아 보지 못한 사랑을 받는 것이
너무도 행복했다.

이날도 이모는 진수성찬을 차리셨다. 나에게 진짜 잘해주는
두 분을 위해 난 진짜 열심히 일하겠노라고 다짐했다.

일당 300원짜리

　이모 집에서 하루를 휴식과 만찬으로 보낸 나는 이튿날부터 이모를 따라 남대문시장 식품가게로 출근했다.

　누더기 옷을 모두 벗어버리고 이모가 내준 옷을 입고 출근하는 내 모습을 보니 엊그제와는 영 딴판이었다.

　씻는 둥 마는 둥 한 몰골로 낡고 헤진 옷 위에 구두통을 메고 다녔던 그 모습과는 180도 달라졌다.

　사람이 씻고, 닦고, 광내면 이렇게 달라질 수 있구나 하고 생각하니 구두닦이 같이 하던 동료들이 머리를 스쳐갔다.

　그들에게도 이런 기회가 있으면 얼마나 좋을까라는 생각도 해봤다.

　몰골이 깔끔해지고, 입은 옷도 새것처럼 보이니 용기도 덩달아 생겨났다. 나는 식품가게 출근 첫날부터 꾀 안 부리고 열심히 일했다. 물건 정리서부터 판매와 배달에 이르기까지 닥치는 대로 일을 했다. 첫날이어서 그런지 일이 재미있기까지 했다. 이모와 이모부도 흡족해 하시는 것 같았다.

　따지고 보면 식품가게 일이 머슴일이나 구두닦이보다는 훨씬 수월한 것이었다. 그렇다 보니 이모부도 버거워하는 큰 짐까지 내가 다 해치웠다.

며칠을 몸이 부서져라 일을 했다. 그렇게 열심인 나를 보고 다른 가게 주인들이 "어디서 저런 복덩이를 데려 왔냐?"며 나를 종업원으로 데리고 갔으면 좋겠다고 말할 정도였다.

틈틈이 짬을 이용해 물건 이름 외우는 것에도 최선을 다 했다. 전화를 받거나 손님이 찾아와도 물건 이름을 모르면 당황할 수밖에 없기 때문이었다.

물론 물건 표면에는 이름들이 다 인쇄돼 있다. 그러나 어떻게 생긴 것인지 또 무슨 용도로 사용하는 것인지 모르면 그것도 허사였다.

나는 될 수 있으면 배달 일에 집중했다. 이모부가 하는 일을 내가 대신해 줄 작정이었다.

배달이 제시간에 전달되고 이모부가 할 때보다 일찍 가져다준다는 것 때문에 호응도 좋아졌다.

근거리는 자전거가 아니라 들고 메고 뛰어서라도 다른 사람들에 비해 1초라도 먼저 배달해 주었다.

먼 거리 배달까지 내가 가장 빨리 배달해준다는 소문이 돌면서부터는 이모 가게 매출도 좀 오르는 것 같았다.

나는 매일같이 이모 이모부와 함께 새벽 5시 식품가게로 출근한다. 그리고 밤 11시가 넘어야 집에 도착한다. 일이 몸에 부대낄 때면 녹초가 되다시피 했다. 하지만 힘들다는 내색을 하지 않았다. 이모께서 월급이라고 얼마를 주시겠다고 했기 때문이다.

시간이 흐를수록 피곤은 더 빨리 찾아오는 것 같았다. 일이 힘들어서가 아니라 잠이 부족하다보니 매일 피곤한 몸이 돼 있었다.

그 피곤은 일할 때는 잘 모른다. 그러나 잠시 쉬거나 심지어 밥상 앞에서도 졸 정도였다. 버스를 타고 다닐 때는 더 심했다. 버스 안에서 졸다 앞으로 고꾸라지거나, 앞 의자에 머리를 박아

다친 일도 있었다.

말이 새벽 5시지 막상 아침 먹고 준비해 나가려면 4시에는 기상을 해야 했다. 퇴근 시간도 집에 와서 저녁 먹고 씻고 하다보면 금방 자정이 된다.

정상대로 자도 서너 시간, 잡생각에 깊은 잠을 못자면 한두 시간 눈을 붙이고 출근하는 것이 다반사였다.

이모가게서 일한지 한 달이 됐다. 월급은 9,000원이었다. 한 달을 30일로 나눠보니 하루에 300원 꼴이었다. 큰돈은 아니지만 머슴살이 이후 내 스스로가 돈을 벌었다고 생각하니 가슴이 뿌듯했다.

이모는 어김없이 매일 300원씩 빨간 저금통에 넣어 주셨다가 내게 전해주었다. 적은 돈이긴 하지만 돈을 번다는 것에 큰 희망을 가졌다.

이모는 돈을 가지고 있으면 써버린다며 자신이 관리해주겠다고 하셨다. 나는 그럴 필요 없이 그 돈을 모두 외할머니께 주라고 했다. 나처럼 배곯고 있을 막둥이 여동생과 외할머니를 생각하니 몇 푼 안 되는 돈이지만 모두 주고 싶었다. 나는 이모 집에서 먹고 자고 하는 것만으로도 충분하다고 생각했기 때문이다.

이모는 내 말대로 항상 월급 때면 내가 번 돈을 외할머니께 보내 드렸다. 그러나 그 돈을 어떻게 쓰는지 물어보지도 않았다.

외할머니와 막둥이 여동생이 배만 곯지 않는다면 그것만으로도 외할머니의 키워주신 은혜를 갚는 길이라 생각했기 때문이다.

이모네 가게는 생각보다 장사가 잘됐다. 돈도 제법 버는 것 같은데 월급은 항상 하루 300원짜리였다.

이모도 좋지만 아무리 생각해도 이 상태에서는 내가 생각하는 많은 돈을 벌 수는 없을 것 같았다.

"그래. 이래서는 안 돼, 뭔가 제대로 돈을 벌려면 기술을 배워야 해."

그러나 다른 일을 찾는 것이 쉬운 것은 아니었다. 배워 둔 특이한 기술도 없을뿐더러 어디 가서 배울 수 있는 처지도 아니었다.

나는 일단 기회를 노리기로 마음먹었다. 혹시 내가 다른 일을 찾고 있다는 것을 눈치 채면 이모가 섭섭해 할 것 같아 오로지 일에만 열중했다. 그러면서도 다른 직업이 있는지 유심히 살폈다.

하지만 시장통 내에서의 일은 대부분 짐꾼에 불과했다. 그렇다고 배운 것이 미천하니 큰 가게 같은 데에서 일할수도 없었다.

열심히 일하다보면 기회가 올 것이라 믿었다. 이때부터 배달을 가면 그 집의 사장님들께 예의를 다해 인사를 하고 항상 웃는 얼굴을 보였다. 특히 큰 식당 같은 곳에 배달가면 더 깍듯한 예의를 보였다. 식당에 취직해 요리사가 되어 볼 생각이 들었기 때문이다.

나는 인생의 전환점을 식당으로 정했다. 열심히 일해 유명한 요리사가 되는 것도 멋진 인생일 수 있다고 보았다.

이때부터 큰 식당 같은데 배달가면 주인아저씨에게 참 열심히 일한다는 인상을 심어주는데 주력했다.

그러나 나의 이런 열정을 어느 식당 주인도 알아주지 않았다. 그냥 나를 식품 배달 온 부지런한 아이 정도로만 생각했다.

일을 잘하니 오히려 배달 온 나에게 자기 식당의 술 박스를 좀 옮겨달라는 부탁만 늘어났다. 물론 이모 집 거래처니 고객관리 차원에서 해 줄 수도 있는 일이었다.

막상 다른 일을 찾아야 한다고 생각하니 괜스레 이모나 이모부 눈치가 보였다. 이런 가운데 하루는 아무 생각 없이 무거운 물건을 옮기다가 그만 허리를 삐고 말았다. 별것 아니라고 생각했는데 다음날 일어날 수 없을 정도가 됐다.

이모는 집에서 하루 푹 쉬면 좋아질 거라 했지만 진짜 옴짝달

가난을 넘어, 죽음을 넘어
나의 인생, 나의 도전

싹도 못했다. 화장실 가는 것조차 어려울 정도였다. 하루 종일 아픈 허리를 잡고 방에서 기어 다녔다.

나는 아침은 물론 점심 저녁까지 몽땅 굶었다. 배가 고파도 아픈 허리를 펼 수 없었기 때문이다.

오후 11시가 다 되어서야 이모와 이모부께서 집으로 오셨다. 그냥 "많이 아프냐?"라는 말 뿐이었다. 섭섭한 마음이 들었다.

병원에라도 데려가 치료를 받았으면 좋을 것인데 야속한 이모와 이모부 누구도 병원 가보자는 말을 안 하셨다.

이모 집에서 생활한 후 처음으로 서러운 마음이 들었다.

저녁상을 차린 이모가 꼼짝 못하는 나에게 같이 저녁을 먹자며 불렀다. 배가 고팠기에 엉금엉금 기다시피 해서 밥상 쪽으로 갔다. 하지만 허리를 펴고 앉아 있을 수 없었다.

그때서야 심각성을 알았는지 이모가 숟가락을 들다말고 주방으로 가 냄비에 물을 담아 곤로에 올렸다. 저녁상이 치워지자 이모는 펄펄 끓는 물에 수건을 넣었다 꺼내 내 허리에 올려주기를 여러 번 했다.

이상하게도 끊어질 듯 아팠던 허리가 훨씬 덜해졌다. 효과가 있는 치료법인지는 몰라도 다음날 충분히 걸을 수 있을 정도가 됐다.

다행히 이모 가게서 얼마 떨어지지 않는 곳에 한의원이 있어 침을 맞았다. 몇 번 치료 끝에 다시 일을 할 수 있게 됐다. 그런데 물건을 들 때마다 허리가 걱정됐다. 무거운 물건을 들려니 겁부터 났다.

그러자 이모는 물건정리는 이모부에게 맡기고 나에게 주로 배달을 시키셨다. 짐자전거 배달은 그나마 쉬웠다.

약 한 달이 지나자 허리는 완벽에 가까울 정도로 돌아왔다. 나는 다시 예전의 모습으로 돌아와 일에 열중했다.

제5장
변신과 기회

돈을 벌기위한 몸부림

구하면 열린다는 말이 있듯이 나에게 새로운 직업을 가질 수 있는 기회가 찾아왔다.

서울역 부근으로 배달 갈 일이 있었다. 사실 나에게 서울역은 안 좋은 추억이 있는 곳이다. 구두닦이 할 때 고초를 겪은 곳이기에 가기 싫었다. 그러나 이모부까지 다른 곳으로 배달을 갔으니 서울역 배달은 내가 갈 수 밖에 없었다.

나는 혹시 그곳 구두닦이나 깡패들이 알아 볼까봐 이모부 모자를 푹 눌러쓰고 배달 물건을 들고 서울역으로 향했다.

서울역엔 예전처럼 구두닦이들이 있었다. 여전히 거지행색은 면치 못하고 있는 모습들이었다. 하필이면 배달 가는 방향이 그들 앞을 지나야 했다.

나는 물건을 어깨위에 올려 오른쪽에서 알아보지 못하게 한후 태연하게 걸었다. 다행히 구두닦이들은 나를 알아보지 못했다. 부지런히 가서 배달을 마친 후 난 다른 길로 오기위해 방향을 바꿨다.

어느 쪽으로 가면 좋을까 두리번거리는데 내 눈에 '직업소개소'라는 간판이 들어왔다.

"맞아. 저기 가서 기술을 배우겠다고 하면 직업을 소개해 줄 거야."

나는 마음속으로 그렇게 생각을 정리하고 직업소개소 간판이 있는 사무실의 문을 열었다.

"어서 오세요."

20대 초반으로 보이는 아가씨가 멀뚱히 들어오는 나에게 친절하게 인사를 건넸다.

"네, 저~취직자리를 좀 찾으려 왔는데유……."

"아 그러세요, 거기 의자에 좀 앉으세요."

나는 아가씨가 손짓하는 의자에 앉았다. 모자도 벗었다. 더벅머리를 손으로 몇 번 쓰다듬었다.

아가씨는 메모지 같은 것을 들고는 사무실 안에 있는 다른 방으로 들어갔다.

사무실에 붙은 각종 선전물을 보고 있는데 다른 방으로 들어갔던 아가씨가 신사 한분과 밖으로 나왔다.

나는 그분들과 쇼파에 마주 앉았다. 누군지는 모르지만 좀 높은 사람 같다는 생각이 들었다.

"그래, 우리 청년께서 취직자리를 구하려 오셨다구요."

"네, 그렇구만유."

"무슨 일을 하고 싶은가요?"

"저는 기술을 배울 수 있는 일이면 어떤 일이나 할 수 있구만유."

"구체적으로 생각해 둔 기술이 있나요?"

"없구만유."

요리사라고 말하려다가 혹시 더 좋은 기술을 배울 수 있는 자리가 있을까 싶어 없다고 말했다.

"학교는 어디까지 나왔나요?"

학교를 물으니 초등학교 출신이라고 말하기가 좀 부끄러웠다. 하지만 나를 아는 사람들이 아니니 난 솔직하게 말하기로 했다.

"국졸이구만유."

"기술이 없는 국졸이라……."

신사 분은 연필을 입에 물고 일자리가 빼곡히 쓰여 있는 종이를 한참을 보았다. 그리고는 적당한 것이 정해졌는지 나를 쳐다보았다.

"혹시 운전기술 배워볼 생각 있나요?"

"죄송하지만 다른 기술은 없나유."

"있긴 한데 대부분 조건들이 붙어 있어서 청년은 해당이 되지 않아요."

나는 모자를 만지작거리다 운전기술을 배워보겠다고 했다.

"그럼 운전기술을 배우는 것으로 하고, 일주일 후 여기로 다시 오세요, 청년이 일하게 될 회사 사람이 여기로 올 거요."

나는 취업과 관련한 서류 같은 것을 써주고 사무실을 나왔다. 그런데 막상 운전기술을 배운다고는 했지만 이모에게 말씀드리는 것이 걱정됐다.

직업소개소에서 지체된 시간을 만회하려 나는 이모 가게까지 쏜살같이 내달렸다.

가게 앞에 도착하니 이모가 "왜 그렇게 늦게 왔냐?"며 다른 배달을 가라며 물건을 내주었다. 허겁지겁 또 하루 양의 배달일과를 마쳤다.

가게 문을 닫고 집으로 오는 길에 나는 버스 안에서 이모에게 살짝 직업소개소 얘기를 비출까 하다가 접었다. 집에 가서 소상히 이야기하는 것이 옳다고 생각했기 때문이다.

나는 집에 도착해 때 늦은 저녁을 먹을 때까지 아무런 내색을 하지 않았다. 밥상을 물리고 난 후 나는 이모와 이모부에게 운전 기술 얘기를 꺼냈다.

"이모, 저가 오늘 직업소개소에 가봤는데 운전기술을 배울 수 있는 취직자리가 있다고 하는데 한번 배워볼까 해서유."

"뭐라고?"

이모는 다소 의아하다는 듯 다시 물었다.

"뭘 배운다고."

"운전기술요."

"그것 배워서 뭣하게."

이모는 퉁명스럽게 내 말을 받아쳤다. 얼굴과 말투로 보아서는 그냥 여기서 배달일이나 하고 살았으면 하는 눈치였다.

"운전기술을 배우면 나중에 버스운전도 할 수 있다고 하던데 유."

이모부가 거들고 나섰다.

"야, 그 일이 그 일이여, 운전이 너 생각처럼 그렇게 쉬운 줄 아니."

이모부도 이모나 별반 다르지 않았다.

"그래도 해보려구유."

"태면아, 그런 곳에 발 잘못 들여 놓으면 평생 고생하고 살아야 한다. 그렁게 그냥 우리하고 일하면서 그렇게 지내자."

이모는 식품가게 일이 운전기술보다 편하니 다른 생각을 하지 말라는 식으로 나를 다독거렸다.

하지만 이모나 이모부의 말은 내 머리 안에서 헛바퀴만 돌았다. 반드시 여기를 벗어나 다른 기술을 배워야 한다고 생각한 상태여서 물러날 수 없었다.

계속 설득을 하년 이모와 이모부는 내 의지를 꺾을 수 없다고 생각했는지 고집을 서서히 내려놓고 있었다.

"그래. 그럼 너가 하고 싶은 운전기술을 배워봐. 그러다 힘들거나 안 되겠다 싶으면 다시 여기로 와. 알았지."

그래도 이모는 운전기술을 배우다 힘들면 돌아 올 것이라는 작은 희망의 끈은 놓지 않았다.

이모와 이모부의 허락을 받은 나는 일주일 동안 열심히 일만했다. 다른 때보다 더 열심히 했다.

시간은 흘러 직업소개소와 약속한 날짜가 다가왔다. 나는 이모와 이모부께 말씀드리고 서울역 부근 직업소개소로 발길을 돌렸다.

화창한 봄 날씨가 내 기분까지 밀어 올려주었다. 열여덟 살의 내 청춘은 머슴살이, 구두닦이, 식품가게 배달부에 방점을 찍고 운전기술이라는 새로운 세계로 날개를 펴고 있었다.

운전기술 배우려 차 조수가 되다

오전 일을 마친 나는 이모와 이모부께 열심히 배워서 꼭 성공해서 돌아오겠다고 약속하고 보따리를 챙겨들고 가게 문을 나섰다. 이것도 이별이라고 이모의 눈에는 눈물이 글썽이고 있었다.

"태면아. 힘들면 다시 와야."

이모는 손을 흔들면서도 떠나는 내가 가여웠는지 힘들면 돌아오라는 말을 몇 번이고 반복했다.

내 눈에서도 눈물이 넘쳐흐를 것 같았다. 고개 숙여 인사를 한 나는 직업소개소로 발길을 돌렸다.

점심때가 막 지나 직업소개소 앞에 도착한 나는 크게 심호흡을 한번하고는 노크를 한 후 문을 열었다.

"어서 오세요."

저번처럼 그 아가씨는 또 다시 나를 반갑게 맞아 주었다.

"안녕하세유."

간단하게 인사를 나눴다. 그때 옆방 사무실에서 지난번 나와 이야기를 나눴던 그 신사분과 다른 한 분이 나왔다.

다른 한분은 잠바를 입고 있었는데 왼쪽 가슴에 '제일고속'이라는 명찰 같은 것이 붙어 있있다.

두 사람은 내 쪽으로 가까이 오더니 나에게 쇼파 쪽으로 와서 앉으라고 했다. 내가 쇼파 쪽으로 가서 앉으려고 하는데 신사분이 인사를 시켰다.

"이 분은 제일고속 김태준 과장님, 이 청년은 우리가 소개했던 김태면씨."

신사 분은 나에게 씨라는 호칭을 붙였다. 기분이 좋았다. 태어나 처음 듣는 씨라는 호칭이었기 때문이다. 우리는 악수를 나누고 쇼파에 앉았다.

제일고속 김 과장이 자신의 회사를 간략하게 설명했다.

"저희 회사는 장차(큰 트럭)같은데 많은 짐을 싣고 주로 고속도로를 이용해 부산과 서울을 오가는 일을 하는 운수회삽니다. 일단 태면씨는 면허가 없는데다 차에 대해서 잘 모르니 조수 일부터 해야 하는데 할 수 있겠습니까."

제일고속이라고 해서 고속버스 회사인줄 알고 내심 버스운전을 배울 수 있겠다는 생각을 했는데 방향이 달랐다.

"네, 할 수 있구만유. 어떤 일이건 시키시면 열심히 하것습니다."

"태면씨는 지금 무슨 일을 하고 있습니까."

"저는 이모네 식품 가게서 배달일을 하고 있구만유."

"잘됐네, 그건 자전거로 배달을 하지만 우리는 장차로 배달한다고 생각하면 되겠네요."

김 과장은 친절했다. 나는 직업소개소에서 내어주는 서류에 인적사항과 이력 등을 적은 후 지장을 찍었다. 간단한 서류 작성 절차를 끝낸 나는 김 과장을 따라 제일고속 사무실로 갔다.

사무실은 꽤나 커 보였다. 여럿이서 근무를 하고 있었다.

나는 '사장실'이라는 푯말이 달린 방으로 김 과장을 따라 들어갔다.

"그래 어서 와, 아주 건장한 청년이구만."

사장님은 자리에서 일어나 나를 반갑게 맞아 주었다.

"김군은 몇 살인고."

"저는 올해 열여덟살이구만유."

"그래. 나이보다 아주 덩치가 좋구만. 열심히 일해서 서울과 부산을 달리는 장차 기사가 한번 돼봐."

인사를 끝내고 사무실로 나온 나는 김 과장을 따라 다른 사무실로 갔다. 그 방 문에는 '기사대기실'이라고 쓰여 있었다.

대기실 안에는 너댓 명의 기사들이 눕거나 앉아 있었다. 또 나처럼 앳돼 보이는 친구 또래도 몇 명 보였다. 예측컨대 조수 같았다.

"자, 여러분. 오늘부터 우리하고 같이 일하게 된 김태면씨입니다."

김 과장은 기사 분들에게 나를 소개했다.

"정 기사님. 내일부터 김태면씨 기사님 차에 조수로 데리고 다니십시오."

정 기사로 보이는 아저씨가 자리에서 벌떡 일어나더니 내게로 와서 악수를 청했다.

"그래. 우리 잘해보세."

나는 정 기사님과 악수를 하고는 이내 머리를 숙여 인사를 했다.

"감사하구만유. 많이 가르쳐 주셔요."

김 과장이 나가자. 기사 분들의 질문이 여기저기서 쏟아졌다.

"고향이 어디여?"

"네. 충남 부여구만유."

"몇 살인가?"

"열여덟 살이구만유."

"운전을 왜 배울라고 하는감."

"돈을 벌려구유."

충청도 사투리를 사용하는 촌놈의 대답이 우스웠는지 일순간 기사들의 웃음소리가 터져 나왔다.

유 기사라는 분이 너털웃음을 지으며 내 말이 재미 있었던지 "그라머. 운전 열심히 해서 돈을 많이 벌어야지."라고 맞장구를 쳤다.

나중에 안 일이지만 유 기사라는 분의 말은 "운전기사 해서는 돈을 많이 벌 수 없다."는 것을 비꼬아 하는 말이었다.

대충 주고받던 말이 수그러들 즈음 정 기사님은 내일 아침 부산에 갈 것이니 충분히 쉬어 두라며 기사들이 사용하는 침실을 일러주었다.

기사 분들의 대기실 옆에는 2층 침대 비슷한 잠자리가 준비돼 있었다. 기사 분들이 새벽에 출발하려다 보니 거기서 잠을 자다 곧바로 출발하는 것 같았다. 침실은 특별히 정해진 것도 없었다. 누구나 빈자리가 있으면 누워서 자면 되는 것이었다.

기사 분들은 바둑과 장기를 좋아 하는 것 같았다. 내가 점심때가 지나 도착할 때부터 두던 바둑과 장기를 번갈아 돌아가면서 몇 시간을 그렇게 즐겼다.

사실 기사 분들은 딱히 즐길 것도 없어 보였다. 회사에서 마련해준 장기와 바둑이 시간 보내기에는 그저 그만이었다.

사무실을 어슬렁거리다 화장실을 가는 척하며 밖으로 나왔는데 내 또래의 한 아이가 내게 다가왔다.

"악수하자. 나도 너처럼 열여덟 살이야. 나는 지난해 여름부터 조수 일을 하고 있어."

"응."

나는 엉겁결에 그 아이와 친구가 됐다. 고향이 경기도 안산인 상국이라는 친구는 참 해맑았다. 내 눈에는 천진난만한 아이처럼 보였다.

우리는 바깥 화단 돌 위에 앉아 이런 얘기 저런 얘기를 주고받았다. 상국이도 부모님의 이혼으로 집안 형편이 어려워 학교도 제대로 못 다녔다고 했다.

시골서 남의 집 논농사를 부쳐 먹고사는 아버지를 따라 농사일을 거들다 우연히 친척의 소개로 조수가 됐다는 것이다.

상국이는 조수 일에 대해서도 일러주었다. 고참 조수답게 자동차와 관련한 용어도 많이 알고 있었다. 차에 대해 무지한 나로서는 멋진 친구를 얻은 것 같아 기분이 좋았다.

"친구야. 우리 같은 조수는 어떻게든 시간이 있으면 쪽잠이라도 자 두는 게 상책이야."

이모네 가게에서 일하면서 매일같이 잠이 모자라 고생했는데 또 잠 이야기를 하니 조금은 당황스러웠다.

"왜."

"서울서 부산까지 대여섯 시간에서 많게는 열 시간씩 장거리를 가다보면 내 말이 생각날 거야."

그냥 차 조수석에 앉아 있으면 될 일인데 잠이 왜 모자라는지 이해가 되지 않았다. 그러나 따져 물을 수도 없었다.

상국이는 시간이 늦었으니 들어가 눈을 부치자며 자리에서 일어났다. 나도 따라 일어났다. 상국이도 나와 같이 새벽에 부산으로 간다고 했다.

둘은 불 꺼진 침실로 살금살금 들어와 신발만 벗고 빈자리에 누웠다. 피곤이 사르르 몰려왔다. 머리를 바닥에 댄지 채 5분도 안되어 잠이 들었다.

오랜만에 달콤한 잠에 빠졌는데 누군가 깨우는 소리가 귓전에 들렸다. 눈을 떠보니 대부분 일어나 있었다.

이곳에서 잠을 잔 기사 분들은 모두 우리와 비슷한 시간에 전국 방방곡곡으로 떠나야 했다.

"어이, 태면이."

정 기사님이 나를 불렀다. 나는 "네."하면서 정 기사님 쪽으로 재빠르게 다가갔다.

"이리와, 이 가방하고 이것, 우리 차에 갔다 실어놔."

정 기사님은 묵직한 가방 하나와 마실 것이 든 봉지 하나를 내게 주었다.

"아저씨. 저…… 우리 차가 어떤 차인지 모르는데유."

"아! 그렇구나, 밖에 나가면 8976번 차가 우리 차야."

정 기사님은 차 키도 함께 주었다. 나는 짐을 들고 밖으로 나갔다. 차들이 굉장히 커 보였다.

8976번 차는 금방 찾을 수 있었다. 나는 키로 차문을 연 뒤 조수자리에 물건을 내려놓고 다시 대기실로 들어왔다.

잠시 후 아저씨가 무슨 종이쪽지 같은 것을 접으며 나보고 차 있는 곳으로 가자고 했다. 정 기사님은 오랫동안 운전을 해서 그런지 큰 차에 한방에 올라 탔다. 나는 익숙히 못한 탓인지 올라타는 것도 만만치 않았다.

문을 여니 내 자리에 두었던 아저씨 짐이 보이지 않았다. 자리에 앉자 아저씨는 짐은 뒤쪽 공간부분에 넣어두는 것이라고 일러주었다. 그리고 조수가 해야 할 일들을 하나하나 설명해 주었다.

차근차근 말씀하시던 정 기사님이 차가 출발해서 30분여 정도가 지났을 때 청찬벽력과 같은 말을 꺼냈다.

"단순히 먹고 살기위해 운전을 배우려 한다면 몰라도, 돈을 벌려고 한다면 착각이다. 아무리 핸들을 맷돌처럼 돌린다고 해도 큰돈을 벌기는 어려울 거야, 잘 생각해봐."

잠깐 뭔가 뒤통수를 치고 간 것 같았다. 내가 바로 돈을 벌기위해 운전기술을 배우려 하는데 정 기사님이 큰돈을 벌수 없다고 하니 충격일 수밖에 없었다.

"그럼 돈도 못 버는데 정 기사님은 왜 운전을 배우셨남유."

나는 당돌하게 물었다. 그러자 정 기사님은 계면쩍은 웃음을 지으면서 먹고 살기위해 운전을 한다고 응수했다.

"나도 너처럼 막연히 큰돈을 벌 생각에 이 바닥에 뛰어들었다가 오도 가도 못하고 이 짓을 하고 있지."

"가족들도 계시잖아유."

"그럼, 그러니 더 이 일을 벗어나지 못하는 거야. 그래도 이왕지사 네가 이 일을 하려고 마음먹었으니 열심히 해봐."

"감사해유. 하는데까지 최선을 대해 열심히 하겠습니다."

나는 나의 의지를 보여주려는 생각에 힘주어 대답했다.

장차 운전기사가 될 트럭의 조수 자리. 자전거를 몰다 차에 올라 으쓱한 기분도 들었는데 첫날부터 정 기사님 말을 듣고 꿈의 일부분이 파손돼 버렸다.

나는 정 기사님 때문에 파손된 꿈의 일부를 보상받기 위해 내 스스로를 달랬다. 다행히 정 기사님은 첫날이어서 그런지 나에게 별로 일을 시키지 않았다. 덕분에 첫날 부산행은 여행 가듯 편했다.

그 시간 내가 직접 차를 운전하는 건 아니지만 운전석 옆에 당당하게 앉아 부산이라는 도시까지 갔다 올 수 있다는 설렘이 조금은 나를 흥분시키고 있었다.

나는 이날 첫 부산행 조수에서 또 다시 꿈을 정리했다. 일단 조수라는 일을 하면 먹고 자고 하는 문제는 해결된다.

또 큰돈은 아니지만 일정 액수의 월급으로 받으니 차곡차곡 저축하면 지금보다는 생활이 나아질 것이라 생각했다.

조수의 일은 운전기사를 보필하는 것은 물론 온갖 차와 관련한 잡일을 해야 했다. 그야말로 운전기사가 안전하게 운전할 수 있도록 하는 보조다.

운전기사 옆에 타서 잔심부름뿐만 아니라, 화물을 묶든지 정비하는데 바퀴를 빼는 등 여러 가지 심부름 등을 한다.

당시는 조수를 하려면 힘이 세야했다. 타이어 정도는 내 마음대로 다루어야 했기 때문이다. 그 이유는 장거리 운행 중에 혹시 펑크가 나면 도로 옆에 차를 세워 놓고 기사와 함께 타이어를 교체해야 했기 때문이다.

대형 트럭의 타이어 무게는 장난이 아니다. 보통사람은 누워 있는 타이어를 일으켜 세우지 못할 정도로 무겁다.

겨울엔 차 안이 따뜻하게 시동도 미리 걸어 놓아야 했고, 심지어는 독(dock) 위에 차를 올려놓고 구리스도 일일이 발라 주고 세차도 해야 했다. 이런 일들을 하는 동안 어쩌다 운전수가 피곤하거나 운전하기 싫어할 때 겨우 운전석에 앉아 잠깐 잠깐 해보면서 운전을 익히게 된다.

새벽 4시부터 밤 12시까지 일을 하는 고된 날들도 있었지만 어깨너머로 운전과 차에 대한 기술을 배우는 것만으로도 나는 좋았다. 비록 조수일이지만 꾀 안 부리고 열심히 했다. 돈을 모으기 위해 어디 가서 밥 사먹는 것도 하지 않았다.

회사 한쪽구석에 밥도 해먹을 수 있는 시설이 있었기에 나는 식대를 아끼기 위해 직접 쌀을 사서 밥을 해먹었다.

당시는 부산을 가려면 7~8시간, 심지어는 10시간도 걸렸다. 때문에 회사에서 두 세끼 식사비용이 나왔다.

그러나 나는 지방을 갈 때도 식대를 절약하기 위해 도시락을 싸가지고 다니며 끼니를 해결했다. 반찬은 멸치볶음 하나로 끝냈다.

어린 시절 볶은 멸치를 먹던 아이들이 너무도 부러워 나는 세끼 모두를 볶은 멸치로 반찬을 했다. 그것만으로도 행복했다.

조수 일을 하면서 기름을 만지는 일이 자주 생겼다. 손은 항상 기름에 절어 있었다.

겨울이면 기름에 터버린 손끝이 갈라져 양말도 제대로 못 신을 때가 있었다. 그러하다 보니 조수생활 1년여가 지나니 어디 가서 손을 내밀기가 창피할 정도였다. 그래도 구두닦이나 머슴살이보다는 수월했다.

죽어라 고생하는 나를 보고 그래도 나이 많은 기사들은 요즘 조수들은 살판났다고 말한다. 예전 조수들은 몇 배로 어려웠다는 것이다. 그래도 운전을 배울 욕심에 모두가 견뎌냈고 그나마 지금까지 운전으로 먹고 산다고 했다.

옛날 조수들은 겨울이 되면 우리보다 큰 고생을 했던 건 사실이다. 차량이 구식이라 수동으로 처리해야 할 것이 많았다. 엔진 열을 식혀 주는 냉각수에 넣을 부동액이 없던 시절. 하루 일과가 끝나는 저녁이면 냉각수를 얼지 않게 다 뺏다가 아침에 다시 끓는 물을 붓는 일이 다반사였다고 한다.

　조수를 하다 운전기사가 된 분들은 당시 조수 때의 고생담을 영웅담처럼 말한다.

　"너무 추우면 엔진오일까지 다 얼어서 시동이 잘 안 걸리거든. 그럼 아침에 휘발유를 깡통에 담아 불을 붙인 다음 트럭 밑으로 들어가서 그 불로 엔진 쪽을 데워 오일을 녹였지. 바람 부는 날이면 초긴장이지. 심지어 동료들 중에는 바람 때문에 깡통이 넘어지면서 불이 몸에 달라붙어 화상을 입은 사람도 있지."

　조수출신 기사 분들의 무용담은 끝이 없었다. 몇 명만 모여 앉으면 고생담 늘어놓기가 시작된다. 그들은 그만큼 고생했다는 것을 무용담을 통해 보상받고 싶었던 것이다.

　나도 언젠가는 저들처럼 오늘의 내 고생담을 무용담처럼 하리라. 나는 주로 서울 부산 장거리를 조수로 많이 따라다녔다. 다행히 사고 없이 3년이란 세월을 보냈다.

　나는 그렇게 조수가 천직이 된 것처럼 3년 동안 몸이 부서져라 일을 했고, 돈도 조금 모을 수 있었다.

내 인생에 찾아 온 첫 번째 기회

트럭 조수 일을 하면서 나는 돈을 벌 욕심에 3년 동안 이모 집조차 가지 않았다. 심하게 말하면 돈이 들어가는 일은 모조리 차단했다. 오로지 일에만 매달렸다.

사람들은 이런 나를 보고 '독종'이라고 불렀다. 사실 조수 일을 하면서 독종처럼 살지 않고는 돈을 모은다는 것은 불가능했다.

심지어 남들은 명절이면 고향이다, 친척집이다, 해서 떠날 때도 나는 기사대기실에서 지내거나 차를 손질하는데 시간을 보냈다. 서러움을 삭히는 데에는 일만큼 효과가 큰 것도 없었다.

나는 누가 보거나 말거나 항상 차를 깨끗이 청소했다. 누가 봐도 내가 타는 차라는 것을 알아 볼 정도로 확실히 차별화를 시켰다.

이런 나를 보고 기사 분들은 조과장(조수를 높여 불러주는 말)이라고 불러주었다. 그러나 반대로 다른 조수들에게는 내가 미움의 대상이었다. 차 청소하면 항상 내가 대비됐고 유난히 부지런을 떠는 탓에 다른 조수들은 핀잔을 받았기 때문이다.

그러나 상국이 만큼은 항상 나를 이해했다. 내가 왜 그렇게 열심히 일하는지 누구보다 잘 알고 있었다.

다른 동료들과 실랑이가 벌어져도 상국이는 매번 내편이 되어주었다. 지방을 다녀와도 누구보다 반갑게 맞아 준 사람은 상국이었다.

동병상련이라 그런지는 몰라도 서로가 겪고 있는 아픔을 우리 둘은 너무도 잘 알았다. 나도 상국이 못지않게 그 친구의 아픔을 보듬어 주는데 최선을 다했다.

그래도 상국이는 명절이 되면 선물을 사들고 고향만은 꼭 찾았다. 두 사람 다 가난에 찌들어 살기는 매 한가지지만 상국이는 그렇게 아버지를 이해해가고 있었던 것이다.

나는 달랐다. 성공하지 않으면 누구도 보지 않겠다고 입을 꼭 물었기에 남들과 똑 같은 짓을 하고는 살수 없었다. 그런데 인간인 이상 보고 싶은 사람 보지 못하는 심정은 그리 쉽게 사라지지 않았다.

그렇기에 명절 때가 되면 상국이가 부러웠고, 부모와 친척이 많은 동료들은 행복해 보이기까지 했다.

이런 나에게 명절은 또 다른 고통으로 다가왔다. 초등학교 때 소풍이나 운동회가 제일 싫었던 추억이 여전히 가슴 한쪽에 자리 잡고 있어서인지 조수 생활에서의 명절도 만만찮은 고통이었다.

나이가 스무 살이 되고부터는 서러워도 부러워도 남들에게 내색하기 싫었다. 눈물이 나면 남들이 보지 않는 곳을 택했다. 때문에 설날이나 추석 때면 차를 손보는 척 차 밑으로 들어가 소리 없는 울음을 내뱉기도 했다.

그런데 낮말은 새가 듣고 밤 말은 쥐가 듣는다고 했듯이 나의 이런 행동들을 유심히 지켜 본 사람이 있었다. 사장님이었다.

추석 명절을 이틀 앞두고 난데없이 사장님이 나를 찾았다. 나는 무슨 일이 생긴 줄 알고 두근거리는 가슴으로 사장실로 달려갔다.

사장실 문을 열고 들어서니 사장님은 쇼파에 앉아 있었다. 인사를 하니 옆 자리에 앉을 것을 권했다.

"그래. 김군은 이번 추석 때도 고향에 안갈 생각인가?"

"네. 그렇습니다만……."

사장님이 나를 불러 갑자기 고향 얘기를 하는 것이 이상했다.

"고향엔 누가 계신고?"

"지금은 외할머니와 숙모 한분이 계시구만유."

"아버지와 어머니는 안 계시는가?"

"있긴한데……."

나는 말을 얼버무렸다. 사실대로 모두 이야기 할 수도 없었다.

"아! 미안하네, 내가 묻지 말아야 할 것을 물었구만."

사장님은 나의 아픈 구석을 찔렀다고 생각했는지 말을 다른 쪽으로 돌렸다.

"김군이 여기서 일한지 얼마나 됐지?"

"네. 3년 조금 넘었구만유."

"그래. 일은 할만한가?"

"네, 기사님들이 잘 해주셔서 많이 배우고 있구만유."

"운전도 많이 배웠고."

"네, 면허가 없어 그렇지. 운전은 잘 할 수 있구만유."

"그래, 그럼 운전면허를 따지, 내가 도와 줄테니."

"고맙습니다. 사장님이 도와주시면 바로 따겠구만유."

나는 사장님이 조수 생활을 끝내고 운전기사 일을 시키려 하는 것으로 이해했다. 면허를 따라고 하니 그렇게 생각할 수밖에 없었다.

"김군, 내가 그동안 자네를 쭉 지켜봤는데 명절 때 딱히 갈 곳이 없으면 우리 집에 와."

"아닙니다. 괜찮구만유."

"아닐세, 내가 집사람한테 이야기 해 둘테니 이번 추석 때 우리 집에 와서 맛있는 것 좀 먹고 가. 일있지."

너무 고마운 나머지 눈시울이 뜨거워졌다. 나는 울먹이듯 그렇게 하겠다고 약속하고 사장님 방을 나왔다.

그리고는 차들이 주차되어 있는 곳으로 뛰어갔다. 차와 차 사이로 들어가 눈물을 쏟아냈다.

억울해서, 배고파서, 가난해서, 아파서, 얼어 터져서 울었던 눈물하고는 달랐다. 고마움의 눈물은 더 뜨거운 것 같았다.

추석 하루 전날이 됐다. 고향을 가려는 직원들은 퇴근 두 시간 정도를 앞당겨 선물꾸러미를 들고 하나 둘씩 회사를 빠져나갔다.

오후 6시가 조금 넘은 시간 상국이가 대전에서 올라왔다. 다행히 가까운 거리여서 상국이도 남들처럼 명절을 쉬러 갈 수 있었다.

"태면아, 미안해 매번 나만 고향에 가는 것 같아서……."

"괜찮아, 너나 잘 다녀와."

상국이가 빠져나가자 사무실과 기사 대기실은 썰렁해졌다. 의자에 앉아 잠시 쉬고 있는데 총무부 직원이 와서는 사장님이 찾는다고 전해주고 갔다.

나는 자리에서 일어나 사장실로 갔다. 사장님은 여느 때와 마찬가지로 나를 반갑게 맞아 주었다.

"김군. 내일 우리 집에 오라고 했는데 알고 있지."

"네, 그러나 제가 사장님 댁을 알지 못해서……."

"아! 그렇구나. 내가 우리 집이 어디 있는지 안 알려주었구나. 하하하."

사장님은 약도를 그리고 몇 번 시내버스를 타고 오는 것까지 소상히 적어주었다. 그것만 있으면 서울 한복판 김서방 집도 찾을 수 있는 정도였다.

그날 저녁 나는 텅 빈 침실에서 혼자 잠을 청했다. 신세는 한없이 처량했지만 내일 사장님 댁으로 간다고 생각하니 기분은 좋았다.

일찌감치 꿈속으로 갔다. 다음날 아침 일찍 일어났다. 세수를 하면서 손톱 밑에 끼인 기름때를 모두 긁어냈다. 얼굴도 비누칠을 평소보다 몇 번이나 더 문질렀다.

입고 갈 옷도 내가 가지고 있는 옷 중에서 가장 깨끗한 것으로 골랐다. 때 빼고 광내니 그래도 볼만했다.

기사 대기실로 나가 거울에 나를 비춰보았다. 세월 몇 년 동안 촌놈 행태가 많이 벗어졌다.

나는 어제 사장님이 적어 준 쪽지를 주머니에 넣었다. 약 5분여를 걸어 시내버스 정류장에 도착했다. 다행히 몇 분 안 돼 사장님 집 쪽으로 가는 버스가 도착했다. 버스에 올라탔다. 버스비를 내고 뒤쪽 자리로 가서 앉았다.

버스에 앉아보니 처음 용산시외버스터미널에 내려 구로공단 가는 방법을 몰라 결국 구두닦이가 됐던 아픈 추억이 떠올랐다.

피식 웃음이 났다. 이렇게 쉬운 걸 그때는 왜 그랬는지 이해가 되지 않았다.

버스는 30여분을 달려 사장님이 적어 준 정류장에 도착했다. 재빨리 버스에서 내려 약도대로 걸었다. 사장님 댁은 쉽게 찾을 수 있었다.

사장님 집은 이모네 집보다 훨씬 고급스럽게 보였다. 2층짜리 단독주택으로 그리 오래된 집같이 안보였다.

초인종을 눌렀다. 소리가 나는가 하더니 사장님이 현관문을 열고 나오셨다. 그 뒤로 사모님도 따라 나오셨다. 대문이 열렸다. 나는 꾸벅 인사를 하고 대문 안으로 들어갔다.

"어서 와요, 총각."

사모님은 나를 총각이라 불러주었다. 나는 사장님과 함께 거실로 들어갔다. 역시 운수회사 사장님 댁이어서 그런지 차량과 관련된 사진과 장난감 같은 것이 많이 보였다.

사장님 댁에는 텔레비전과 전축 비슷한 것도 있었다. 부자임에는 틀림없었다. 거실로 들어선 나는 사장님과 함께 소파에 앉아서 잠깐 담소를 나누었다.

10분도 채 되지 않았는데 사모님이 식사를 하라고 알렸다. 나는 사장님을 따라 부엌 쪽으로 갔다. 밥상이 아닌 식탁이 있었다. 고급스러웠다.

식탁 위에는 산해진미가 다 있는 것처럼 정말 맛있어 보이는 음식들로 가득했다. 명절이어서 그런지 어물에서부터 육류에 이르기까지 다양한 음식들이 나의 이목구비를 동시에 자극했다.

식사를 하고 있는데도 심장은 진정되지 않았다. 아무런 이유도 없었다. 풍족한 음식 앞에서 느끼는 행복감이 심장을 흔들어대는 것 같았다.

너무도 행복한 밥상 앞에 앉으니 내가 한낱 미물 같이 생각됐다. 인간다운 행복을 느끼지 못하고 산 내 인생이 너무 초라하게 느껴졌다.

식사 도중 사모님과 사장님은 나에게 많이 먹으라며 이것저것 맛있는 반찬을 날라주셨다. 고맙고 감사함에 난 내게 주어진 양만큼의 식사를 깨끗하게 비웠다.

식사가 끝나자 사모님이 차를 한잔 주셨다. 달콤한 맛이 일품이었다. 처음 먹어보는 감식초라는 것이었다.

사장님과 나는 주방에서 나와 다시 거실로 가서 앉았다. 사장님 집에는 아이들이 보이지 않았다. 벽에 걸린 사진을 보니 대학생쭘으로 보이는 아이들이 두세 명 보였다.

나도 이런 부모 만나 제대로 교육을 받았으면 대학생이 돼 있이야 할 나이었다. 그런데 이게 뭔가. 난 여전히 차를 따라다니는 조수인생에 불과했다.

그래서인지 가난이 사람을 이렇게 극명하게 갈라놓을 수 있다는 현실이 증오스럽기까지 했다.

나는 그 사진들을 보다말고 돈을 벌면 나와 같이 불우한 가정에서 태어나 가난의 족쇄에 갇힌 아이들을 구제해줘야겠다고 속으로 다짐했다.

그때 사장님이 조용하게 물었다.

"김군, 자네는 3년 동안 일해서 얼마나 벌었는가?"

"큰돈은 못 벌었구만유."

"아니 크고 작고가 아니야, 벌어놓은 돈이 얼마나 되느냐고."

"지금까지 아끼고 아껴 120만원 벌어두었구만유."

사장님은 "120을 벌었다, 120을 벌었다."를 입 속에서 몇 번 중얼거리시더니 충격적인 제안을 내놓았다.

"김군, 내가 자네를 죽 지켜봤는데 장담컨대 자네는 반드시 성공할 것이야. 내가 차 하나를 장만해 줄 테니 그 차를 굴려보게."

나는 사장님의 제안에 어리둥절했다. 일개 조수인 내게 상상도 안 되는 차를 한 대 만들어 준다는 말을 사장님이 직접하고 계셨다.

"아닙니다, 사장님! 저는 아직 아무것도 모르구만유."

"무슨 소리. 일단 내가 시키는 대로 하게."

사장님은 차를 어떻게 구입할 것인지 나에게 세세하게 일러 주셨다.

"자네가 번 돈 120만원에 내가 130만원을 보태 줄테니 차를 한 대 사서 직접 운영을 해봐. 차 사는 것도 내가 보증 서 줄테니까."

진짜 하늘을 날아갈 것만 같았다. 사장님의 엄청난 충격적인 제안에 나는 현실과 꿈을 혼돈하기까지 했다.

"일단 내일부터 운전면허 따는데 전력을 다하게."

"네. 사장님. 열심히 하것구만유."

저녁까지 얻어먹고 회사로 돌아오는 길은 정주영도 이병철도 부럽지 않았다. 너무도 기뻐 껑충 껑충 뛰었다. 고생 끝 행복시작이 드디어 나에게서 그 서광의 빛을 발산하기 시작했다고 생각했다.

기사 대기실로 돌아와서도 나는 그 흥분을 잠재우지 못했다. 뜨거운 가슴까지도 진정되지 않았다. 곧 부자가 될 것이라는 희망이 풍선처럼 부풀어 오르고 있었다.

가난의 족쇄에 묶여 거지꼴로 살았던 나에게도 이런 행운이 찾아오는구나.

나는 그날 하나님을 향해 두 손을 모으고 "하나님 정말 감사합니다."를 수십 번 외쳤다.

제6장
성공과 실패

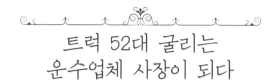

트럭 52대 굴리는
운수업체 사장이 되다

사장님의 제안을 받들어 나는 열심히 공부해 운전면허를 땄다. 초등학교서 상장을 받아 본 후 처음으로 면허증이라는 것을 받아드니 이 기쁨도 고시패스를 한 것이나 다름없는 행복감을 안겨주었다.

머리는 다행히 깡통은 아니었던지 난 한 번만에 합격할 수 있었다.

이론과 실기는 3년 동안 조수를 하면서 주워듣고, 눈으로 본 것이 많아 큰 도움이 됐다. 주로 이론 공부에 치중한 것도 적중했다.

나는 운전면허증을 들고 곧바로 사장님을 찾아갔다. 자랑도 하고 싶었지만 무엇보다 이를 계기로 조수라는 직업에서 탈피할 수 있다는 것이 너무 기뻤기 때문이다.

"사장님, 제가 운전면허증을 땄구만유."

나는 사장님 방을 찾아가 기뻐 날뛰듯 방금 막 출산한 운전면허증을 보여주었다.

"오, 그래. 김군이 큰일을 했구나."

사장님도 사신의 일처럼 좋아했다. 보통 사수라하면 ㅎ늘여

운수회사 사장이 되다

키워놓은 사람이 다른 회사를 가는 것도 기분 나쁠 터인데 사장
님은 전혀 달랐다.

오히려 나에게 돈까지 보태주시면서 사업의 길을 열어주려 하
고 있으니 그 고마움이란 이루 형용할 수가 없었다.

"자. 그럼, 내일 당장 차 계약하러 가도록 하자."

"네. 사장님, 고맙구만유."

사장실을 나온 나는 면허증을 주머니에 넣고 기사 대기실로
돌아왔다.

기사 분들이 문을 열고 들어서는 나를 보자 일제히 "면허땄
냐?"고 물었다.

나는 시무룩한 척 하다가 주머니에 넣어 둔 면허증을 꺼내면
서 "합격이구만유."를 크게 외쳤다. 모두가 자기 일처럼 축하해
주었다.

"태면아, 회사에서 너에게 운전하게 해준다니?"

정 기사님이 물었다. 뭐라고 말할 수 없었다. 왜 운전면허를
땄는지 설명할 수가 없었기 때문이다.

대부분은 면허를 따는 이유를 조수에서 운전기사로 승진하는 과정에서 따는데 나는 달랐기에 궁금할 수밖에 없었을 것이라 생각했다. 그냥 얼버무렸다.

"모르것구만유. 그냥 따 두면 좋을 것 같아 땄시유."

다행히 내가 조만간 트럭 한 대의 사장이 된다는 것을 아무도 눈치 채지 못했다.

그날 저녁 나는 운전면허증을 품속에 넣고 잠을 잤다.

아침에 일어나 식사를 마치고 대기실에서 기다리고 있는데 약속대로 사장님이 나를 부르셨다.

사장님은 이미 트럭을 구입할 대리점하고 전화로 이야기 했는지 서류봉투 하나를 들고 있었다.

나는 사장님을 뵙자 곧바로 3년 동안 모아 온 전 재산 120만원을 건넸다. 사장님은 그 돈을 받아 봉투 안에 넣고 나와 함께 곧바로 대리점을 향했다.

"4.5톤 트럭 한 대 부탁합니다."

대리점에 도착한 사장님은 이미 생각해 둔 차종이 있었는지 4.5톤 트럭을 주문하셨다.

"될 수 있으면 빠른 시일 내 받아 볼 수 있도록 부탁 좀 드립니다."

"암요, 여부가 있겠습니까. 최대한 빨리 가져다 드리겠습니다."

대리점 지점장으로 보이는 사람이 사장님에게 연신 허리를 굽신거렸다. 지점장의 행동으로 보아서는 사장님이 차를 구입할 때 이 대리점에서 많이 이용하는 것 같았다.

계약을 마치고 회사로 돌아오는데 사장님은 "반드시 성공해야 한다."며 내 손을 꼭 잡으셨다.

사장님은 나의 성실함에 반했는지 어떻게든 성공시켜 보려고 하는 것처럼 보였다. 처음 집으로 초대할 때부터 이 시간까지 사장님이 직접 챙기고 움직여 주셨기 때문이다.

"반드시 성공한 모습을 보여드리것구만유."

"내가 이참에 자네에게 한 가지만 당부해 두겠네. 사업은 절대 자만하면 안 된다는 것 잊지 말게."

"사장님 말씀 잊지 않겠구만유."

이런 저런 얘기를 나누다 회사 앞에 도착했다. 사장님은 사장실로 가고 나는 기사 대기실로 다시 왔다.

평소와 똑같이 보이려고 운전기사 분들 물도 떠다 드리고, 재떨이도 비워드렸다.

마지막 조수생활을 마무리하기 위해 서울과 부산을 대여섯 번 하루도 쉬지 않고 따라다녔다.

드디어 주문한 차가 나오는 날이 됐다. 아침을 먹고 이제나 저제나 기다리는데 대리점에서 차가 왔다.

비닐도 채 빗기지지 않은 새 차를 보니 마음이 뿌듯했다. 이때가 1981년이니 내 나이 스물한 살 때다. 나는 조수에서 일약 4.5톤 트럭의 주인이 됐다.

사장님은 직원들을 불러놓고 앞으로 이 차는 김 군이 직접 운영하게 될 것이라며 일거리도 주라고 지시했다.

4.5톤 트럭의 운전대를 잡으면서 나는 더 독종이 됐다. 진짜 뼈가 부서져라 일을 했다. 단 하루도 쉬지 않았다.

사장님의 회사에 일이 없을 때는 다른 회사 일도 병행했다. 다행히 일거리가 끊이지 않았다. 그렇게 모은 돈으로 나는 차를 더 구입하여 이제는 내가 운전기사를 고용하여 본격적으로 운수업을 시작했다.

한 대가 두 대되고 두 대가 네 대가 되더니 2년째 되던 해 내가 운영하는 차는 10여대를 넘어섰다.

법인도 만들었다. (주)동아특수통운이라는 간판도 붙였다. 어엿한 운수업체가 되어가고 있었다.

나는 시간이 허락하는 대로 노량진에 있는 학원을 찾았다. 못 배운 한을 풀 생각에 틈틈이 검정고시 공부를 병행했다.

4.5톤 트럭 한 대로 일군 동아특수통운은 승승장구를 하면서 7년 만에 무려 52대의 차량을 보유하는 중견 기업으로 성장했다. 모두가 부러워했다.

머슴살이를 하던 나는 스물여덟 살 되던 해 트럭 52대를 갖춘 동아특수통운의 대표가 됐다. 세상에 부러울 것이 없었다.

반드시 노력한 만큼 결과가 나타난다는 지론을 앞세워 이후에도 꾸준히 기업을 살찌우는데 노력을 아끼지 않았다.

동아특수통운은 자금력도 좋아졌다. 이 상태로 가면 직원들과 평생 먹고 사는데 지장이 없을 정도로 규모도 탄탄해졌다.

이런 성공을 지켜보던 제일고속 사장님도 내일처럼 기뻐하셨다. 나는 배곯는 머슴에서 운수업체 대표가 됐지만 더욱더 아끼고 근검절약하는 생활을 이어갔다.

술과 담배도 가까이 하지 않았다. 여자는 물론 쉽게 유혹 당할 수 있는 노름까지도 멀리했다. 마침내 성공의 샴페인을 터뜨렸다.

많은 사람들이 축하했다. 머슴과 구두닦이 출신이 52대 차량을 보유한 기업인이 됐다는 사실에 모두들 놀라워했다.

나는 이때부터 그동안 신세진 사람들에게 고마움을 전하기 시작했다. 꼭 돈이 아니더라도 도울 수 있는 것은 도움을 주었다.

성공했다는 이야기를 듣고 찾아오는 사람도 많아졌다. 이런 얘기 저런 얘기 등 다양한 정보가 내게 실려 왔다. 신사업 제의는 물론 투자를 요청하는 지인들도 부지기수였다.

니는 이들의 말을 귀담아 듣지 않았다. 무리한 사업 확장은 오히려 화가 된다는 말을 많이 들었기 때문이다.

그러나 이런 지조도 오래가지 못했다. 내 스스로가 사업 확장이라는 수렁에 빠져들고 있었는데도 정작 나 자신을 몰랐다.

"사업은 절대 자만하면 안 된다는 것 잊지 말게."라고 신신당부한 제일고속 사장님과의 약속도 머릿속에서 지워져 있었다.

시쳇말로 동아특수통운이 탄탄대로를 걷고 있던 시기에 사업 확장을 위해 신사업에 손을 대기 시작했다.

누구 말도 듣지 않았다. 수천 번을 주판알을 튕겨 봐도 돈을 벌 수 있는 사업이라고 확신했다.

유명메이커도 아닌 소규모 화장품 회사에 난 5억 원이라는 큰 돈을 조건부로 투자했다. 그러나 화장품 회사는 처음엔 잘 되는가 싶더니 이내 문제가 생겼다. 무슨 이유에선지 대리점들이 속속 문을 닫았다. 결국은 본사까지 두 손을 들 위기에 봉착했다.

아무래도 안 되겠다고 생각한 나는 투자한 5억 원을 돌려달라는 내용증명을 보냈다. 묵묵부답이었다.

돈을 받을 욕심에 화장품 회사를 찾아갔는데 이것이 내 족쇄가 될 줄은 꿈에도 몰랐다.

5억 원을 돌려달라는 나에게 그들은 오히려 회사를 인수해 줄 것을 요청해왔다. 나는 그들의 감언이설에 속아 결국 화장품 회사를 떠안기로 결정했다. 내가 운영하면 살릴 수도 있겠다는 생각도 있었다.

지금에서야 말하지만 솔직히 문제투성이인 화장품 회사를 맡은 이유는 5억 원을 받을 욕심뿐이었다.

그래도 무일푼에서 52대 차량을 보유한 운수회사를 만든 내가 '이런 것쯤이야'하고 조금은 우습게 생각했다. 최종 점검을 해 보니 대리점만 잘 살리면 금방 복구될 수도 있다는 판단이 섰다.

이때부터 동아특수통운의 자금으로 대리점 살리기와 신규 대리점 늘리기에 힘을 쏟았다. 심지어 외형을 과시하기 위해 돈을 투자해주면서까지 대리점을 늘렸다.

그러한 노력 덕분에 대리점이 하나 둘씩 늘어나는가 싶디니 그것도 오래가지 못했다. 신규 대리점들을 모래성 위에 세웠다는 것을 안 것은 얼마 지나지 않아서였다.

유명메이커들의 광고 강화와 신규화장품들의 약진이 거세지면서 역풍이 불기 시작했다. 버티려고 운수회사 돈을 계속 퍼부었지만 밑 빠진 독에 물 붓기였다. 결국 자금을 끌어다 쓴 동아특수통운까지도 금이 가기 시작했다.

두 회사의 자금사정이 파도치듯 앞서거니 뒤서거니 악화됐다. 나는 어떻게든 버텨보려고 당좌수표와 가계수표는 물론 심지어 사채까지 손을 댔다.

그래도 두 회사는 회생 기미를 보이지 않았다. 이런 와중에 동아특수통운까지도 사고가 잇따랐다.

사업이 망하려니까 별 일이 다 벌어진다 싶었는데 그것이 모두 현실로 닥쳐왔다.

운수 회사 운전기사들이 사고한번 내지 않았는데 이때는 회사가 망하려고 그런지 몰라도 이상하게 툭하면 사고가 발생했다. 차량이 전복되는 것도 모자라 인사사고까지 덮쳤다. 이런 일 저런 일이 잇따라 겹치며 두 회사의 자금사정은 갈 때까지 갔다.

결국 두 회사를 끌고 가던 나는 당좌수표와 가계수표를 막지 못해 동아특수통운을 설립한지 11년 만인 1992년 5월 최종 부도를 냈다.

총부채 22억 8,000만원. 엄청난 빚 더미 위에 올라앉았다. 일단 모든 자산을 매각해 빚부터 정리하려 했지만 그것도 수월치 않았다.

그러던 와중에 금융삼독원이 경찰서에 고발장을 넣었다. 당시는 당좌수표 발행자가 이를 회수하지 못하면 금융당국의 고발에 의해 구속되는 것이 확실시되고 있을 때였다.

때문에 당장 당좌수표를 회수할 처지가 안됐던 나는 경찰 조사를 회피할 수밖에 없었다. 어떻게든 내 손으로 빚을 정리해보려던 참이었기 때문이었다.

어떤 이유가 됐건 경찰조사를 회피한 나는 곧바로 수배자가 됐다. 내 나이 33살, 나는 가난의 족쇄가 아닌 부도의 족쇄를 차야하는 신세가 됐다.

나에게 찾아 왔던 행복 10년은 또 다시 나를 버리고 그렇게 어디론가 도망치고 있었다. 5월의 따스한 햇볕도 나에게는 먹구름 같은 날이었다.

자살을 생각해야 했던 인생몰락

졸지에 수배자가 된 나는 신경쇠약에 걸릴 정도로 성격까지 극도로 예민해져갔다. 머슴살이, 구두닦이, 식품가게 점원, 조수를 거쳐 눈물과 피땀으로 이룬 기업을 한순간의 잘못으로 날린다고 생각하니 잠이 오지 않았다.

일단 친구의 집으로 몸을 숨겼다. 부도난 회사를 정리하고 싶어도 밖으로 나갈 수가 없었다. 경찰은 둘째 치고 빚쟁이들에게 맞아 죽을 판이었다.

무엇보다 나를 괴롭히는 것은 나를 믿었던 친지들에 대한 미안함이었다. 그런 분들에게 선의의 피해를 입혔다는 것 때문에 잠을 잘 수 없었다.

운수업을 시작하던 초기 차를 구입할 때 할부를 위해서는 대부분 보증인이 필요했다. 그것도 일정부분 재산이 있는 사람이라야 보증을 설 수 있었다.

그렇다보니 친지들에게 부탁할 수밖에 없었고 그들은 불쌍하게 자란 나를 기특하게 여겨 보증을 서 준 사람들이었다.

4명의 이모가 가장 큰 피해자가 됐다. 몇몇 지인들도 덩달아 피해자가 돼 고통을 겪어야만 했다.

알다시피 부도난 회사라 하면 모든 채권자들이 어떻게든 돈을 받기위해 온갖 방법과 수단을 가리지 않는다. 그 중에서도 금융당국이 고발 등 징상적인 법절차를 밟아버리면 채무자는 꼼짝 없이 수갑을 차야한다.

　여기에 사채까지 손을 댔으니 그들의 행패는 두말하면 잔소리다. 소문을 듣고 있자니 사채업자들이 매일같이 찾아와 나를 잡아다 능지처참할 것처럼 행패를 부린다는 것이었다.

　그러다보니 회사를 가보는 것은 물론 아는 사람들을 만날 처지도 안됐다. 머리 정리가 잘 안됐다. 어디부터 손을 대야할지

자살을 하려고 왔던 둑방길을 다시 찾아가 회상에 젖은 필자

분간이 안 됐다. 그렇다고 그대로 둘 수도 없었다. 진퇴양난에 빠졌다.

일을 해결해 볼 욕심에 밖으로 나갔다 체포되면 회사일은 손도 못써 볼 것이 뻔했다.

이 생각 저 생각 끝에 자수를 해보려했지만 그것도 쉽지 않았다. 밥도 먹기 싫었다. 너무 황당하다는 생각만이 뇌를 계속 자극했다.

며칠을 그렇게 친구내 집 골방에 머물던 나는 마침내 큰 결심을 하고 집을 나섰다.

이빨을 깨물었다. 고향을 찾아가 자살을 할 생각이었다. 사람이 막상 죽고 싶다는 생각이 드니 고향을 찾게 된다는 것이 나역시도 이상할 정도로 섬뜩했다.

몇날 며칠을 고민하고 신경을 쓴 탓에 얼굴도 몸도 말이 아니었다. 그야말로 자포자기 상태의 패인이나 다름없었다.

이판사판이라고 생각한 나는 체포되건 말건 부여로 가기 위해 서울역으로 갔다. 나를 잡는 사람은 없었다. 표를 산 후 몇 분을 가다려 부여행 열차에 몸을 실었다.

처량하기 그지없었다. 돈 많이 벌어 반드시 성공해서 돌아 올 것을 맹세했던 고향에 패인이 되어 자살을 하러 가고 있다니 억장이 무너졌다.

하염없이 눈물이 쏟아져 나왔다. 생각 같아서는 열차에서 뛰어내리고 싶었다. 한두 번 열차 오르내리는 쪽으로 가 보았지만 항상 사람들이 서 있었다.

자리에 돌아와 조용히 눈을 감았다. 짧지만 길게만 느껴졌던 지난 세월이 주마등처럼 지나갔다. 그렇게도 나를 괴롭혔던 가난은 물론이고, 머슴살이, 구두닦이, 식품가게 점원, 조수 생활까시노 모두 추억으로 나가왔나.

얼마나 고통스럽게 살았고, 얼마나 힘들게 살았는지 그 추억들이 불현듯 나에게 용기를 주었지만 다 소용없는 것들이었다.

오히려 모든 것 포기하고 자살을 하러 간다고 생각하니 한편으로는 홀가분했다.

손수건 하나가 눈물로 다 적셔졌을 때쯤 열차 안내방송은 공주역에 도착했음을 알렸다.

안내 방송을 듣던 나는 자리에서 일어섰다. 고향에 가서 자살을 하는 것보다 공주가 오히려 좋을 것이라는 생각이 들었다.

열차에서 내렸다. 다행히 나를 알아보거나 검문을 하는 경찰도 보이지 않았다.

공주역을 돌아 한참을 걷다가 외곽에 있는 작은 가게에 들렀다. 막걸리 한 병을 샀다. 막걸리 봉지를 받아들고 뚝방 길까지 눈물을 흘리며 걸어갔다. 아무런 의지할 곳이 없었던지라 오로지 죽고 싶은 생각뿐이었다.

다행히 뚝방 길에는 아무도 없었다. 막걸리를 꺼냈다. 뚜껑을 열고 들이마셨다. 술을 잘 먹지 못하는 나는 몇 번에 걸쳐 반병을 마셨다.

알코올 기운이 온몸으로 퍼져 나갔다. 이제 뚝방 길 밑으로 뛰어내리면 인생은 끝이다. 물에 떨어져도 돌에 떨어져도 살아남기는 어려운 장소였다.

마지막 남은 막걸리를 몽땅 퍼마시고 자리에서 일어났다. 약간 비틀거렸다. 정신은 멀쩡했다. 신발을 벗었다.

마지막으로 고향 쪽으로 보고 절을 하기위해 방향을 틀었다. 그런데 귓전에 누군가가 나를 부르고 있었다. 그쪽을 바라보니 어떤 할아버지 한 분이 손을 흔들면서 "이봐. 젊은이." "이봐. 젊은이."하면서 내게로 오고 있었다.

무슨 영문인지 몰라 그 자리에 서서 다급히 오시는 할아버지를 멀뚱히 보고 있었다.

숨을 헐떡이면서 나에게 가까이 온 할아버지의 첫마디는 "이봐. 젊은이. 지금 여기서 뭐하는 거여."하시며 역정을 내시는 것이었다.

뭔가 잘못한 것이 있는 줄 알고 신발을 얼른 신었다. 그리고는 고개 숙여 "죄송하구만유."하고 인사를 했다.

"내 보아하니 자네가 생명을 끊으려 하는 것 같은데 여기 잠깐만 앉아볼 것이여."

"아니, 할아버지 저는……."

말끝을 흐리며 자살을 하려고 한 것이 아닌 것처럼 변명하려는데 할아버지는 내손을 잡고 끌어 내렸다. 나는 할아버지 옆에 앉았다.

"젊은 친구가 왜 죽으려고 그러는 것이여."

"죽으려고 그러는 것이 아니어유. 할아버님."

"이봐, 내가 인생을 자네보다 몇 곱절 더 산 사람이여, 자네가 우리 동네 앞을 걸어 갈 때 뭔가 일을 저지를 젊은이라는 것을 내가 직감적으로 알아 봤구먼."

"죄송해유. 심려를 끼쳐드려서……."

더 이상 변명할 수 없었다. 이실직고를 하려고 입을 떼려는데 할아버지는 뜻밖의 말씀을 하고 계셨다.

"무슨 사연이 있는지 모르지만 절망하지 말어. 나도 인생 우여곡절 많이 겪은 사람이여."

생면부지의 할아버지가 나를 달래고 있었다. 이게 무슨 인연이기에 죽음의 길도 막는 것인가. 할아버지가 궁금했다.

"할아버지. 사실 저는 오늘 이 자리에 자살을 하러 온 게 맞구만유."

"내 그럴 줄 알았다니께. 나도 젊은 시절 사업에 실패하고 목숨을 끊으려 한 아픔이 있네. 그러나 생각의 차이가 사람을 죽이고 살리고 한다는 것을 나이 먹고 보니 알 수 있는 것 같네."

할아버지는 자신의 아픔을 나에게 털어놓았다. 살아오신 지난날은 아픔이 많았지만 지금 이 순간만큼은 너무도 존경스러웠다.

할아버지의 말씀을 듣고 난 후 나도 모르게 어릴 때부터 지금의 심정까지 모두 털어놓았다.

"힘을 내시게. 절대 포기하면 안 되는 것이여."

할아버지는 자신의 이름이 최면경이라고 일러주셨다. 그리고는 주머니에서 7,000원을 꺼내 내 손에 쥐어주시고 절대 포기해서는 안 된다는 말을 재차 강조했다.

"내말 꼭 명심혀. 젊은이."

마치 귀신에게 홀린 것 같았다. 죽으려고 찾아 온 곳에서 처음 보는 할아버지로부터 생명을 건지고 차비까지 받았으니.

할아버지가 떠난 후에도 난 그 자리에 멍하니 서 있었다. '죽을 힘이 있으면 살아라.'고 한 말과 할아버지의 말은 시사하는 바가 컸다.

할아버지 말을 듣고 나는 그 어려운 유년시절의 고생도 견디면서 여기까지 왔는데 허무하게 죽을 수는 없다고 마음을 고쳐잡았다.

다시 희망을 갖고 살자. 그래야 나를 도와 준 사람들의 고통을 조금이라도 덜어주는 것이라고 마음먹고 발길을 돌렸다.

나는 곧바로 공주역으로 달려가 다시 서울행 열차에 몸을 실었다.

"반드시 회생하리라."

나와의 약속을 끊임없이 반복하다 잠이 들었다.

'자살'을 '살자'로 바꿔라

　서울행 열차도 나처럼 울었다. 기적소리도, 철길의 마찰음도 모두 울음이 되어 내 가슴속으로 비집고 들어왔다. 신세가 처량한 것이 아니라 왜 그런 오판을 했을까 하는 바보스런 후회가 물밀듯 밀려왔다.

　두 번째 서울상경이다. 가난을 벗어나 보고자 돈을 벌기위해 서울행을 택했던 15세 때와는 상황이 전혀 다르다.

　어렵게 번 몇십 억 재산을 모두 날리고도 모자라 빚쟁이 신세로 33세의 내가 서울로 가고 있는 것이다. 그러나 마음은 홀가분했다.

　죽기로 작정하고 공주 뚝방 길을 찾았다가 생면부지의 할아버지가 건져 준 새로운 생명으로 서울로 가고 있기 때문이다.

　공주를 지나는 열차 창문 밖으로 고향 냄새가 물씬 풍겨왔다.

　내가 어릴 때 지게와 친구하며 나무하러 올랐던 외갓집 뒷동산도 어렴풋이 떠올랐다.

　참으로 오랜만에 느껴보는 고향의 향수요 기운이다. 비록 공주긴 하지만 부여가 풍겨주는 냄새와 별반 다르지 않았다.

　눈을 살짝 감있다. 밤에는 부엉이 우는 소리가 산을 가득 메우고, 아침이면 딱따구리가 요란하게 나무를 쪼아대던 외갓집 뒷동산을 잊고 산지가 얼마던가. 마음이 한결 편해졌다.

한참을 눈을 감고 있었다. 뜨고 있는 것보다 감고 있는 것이 훨씬 마음을 다잡기 좋은 듯 생각됐다.

열차가 공주를 벗어 날 무렵 정겨운 목소리가 들려왔다.

"도시락, 우유, 삶은 계란 있어요."

그때서야 배가 고프다는 위장의 신호음이 들려왔다. 지나가는 카트를 잡았다. 우유 한 개와 빵 한 개, 3개가 든 계란 한 줄을 샀다.

며칠 동안 정신 빠진 사람처럼 지낼 때는 식사를 굶어도 배가 고픈 줄 몰랐었다. 그런데 지금은 먹지 않고는 견디지 못할 정도로 배가 고팠다.

빵을 입에 물었다. 한입을 베어 물려는데 갑자기 이상한 감정이 밀려왔다. 내 신세가 너무도 처량하다는 생각이 들었다. 불과 몇 달 전만 해도 고급 승용차에 나름대로 맛있는 음식을 먹었었는데 이게 뭔가. 울컥했다.

옆자리에 앉은 사람에게 피해가 될까 고개를 창 쪽으로 돌렸다. 소리 없는 눈물이 스르륵 쏟아졌다. 빵 맛이 짭조름해졌다. 눈물 젖은 빵을 먹고 있는 내 모습이 창가에 어렴풋이 비쳤다.

뚫어지게 쳐다봤다. 아무리 봐도 영락없는 바보였다. 한심하기까지 했다. 그래도 먹고 살겠다고 빵을 삼키기 바쁘게 계란을 깠다. 소금을 뿌릴 필요도 없었다. 눈물이 입으로 들어가 짠맛이 돌고 있었기 때문이다.

우유 하나, 빵 한 개, 계란 세 개를 순식간에 해치운 뒤 화장실로 갔다. 세수를 한 후 손까지 깨끗이 씻고 다시 자리로 돌아왔다.

뭔가는 새로운 다짐을 해야만 흔들리는 마음을 다잡을 수 있을 것 같았다. 먼저 다시는 이런 모습으로 고향 쪽을 내려오지 않겠다고 굳은 다짐을 했다. 그리고는 내 머리 속에서 자살이라는 단어를 걷어냈다.

"그래. 이제부터는 '자살'을 '살자'로 확실히 바꿔버리자."

두 손을 모아 깍지를 낀 채 두 서너 번 가볍게 흔들었다. 심호흡을 하고 잠시나마 자살을 하려했던 내가 너무 바보스럽다는 생각을 하니 창피하기까지 했다.

자만이 독이었다. 지금 당하고 있는 이 고통은 4.5톤 트럭 한 대를 구입할 때 제일고속 사장님이 "자만하지 마라." 당부하신 말씀을 무시한 벌이라 생각했다.

그런데 그 벌이 너무도 냉혹했다. 피눈물 나는 32년을 잠시 보상했을 뿐 단 1년도 안 돼 자만은 그 행복을 송두리째 빼앗아 가버렸다.

열차에서 수원역을 알리는 안내 방송이 나오자 조금 전까지 가라앉았던 불안감이 다시 엄습해왔다.

서울 가서 부도난 회사는 어떻게 하고, 친척이나 지인들의 빚은 어떻게 갚고, 사채는 또 어떻게 갚아야 하는지 머릿속이 백지장처럼 돼버렸다.

"그래. 피하지 말고 일단 부딪혀 보자. 세상에 하늘이 무너져도 솟아날 구멍이 있다고 하지 않았는가."

나는 혼자서 내 자신에게 주술을 걸었다. 일단 누구를 시켜 회사 자산을 모조리 팔아 갚을 수 있는데 까지 갚고 난 후 자수를 할 생각이었다.

이런 방법을 택하려면 어떤 이유가 됐건 경찰에 잡혀서는 안 됐다. 피할 수 있는데 까지 피하면서 트럭 같은 것을 팔아 당좌수표를 회수한 후 형사처벌이라도 면해 볼 생각이었다.

그러자면 당장 먹고 자고 하는 것이 문제였다. 실컷 먹고 사는 것이 해결된다 해도 누군가는 나와 접촉을 해야 문제를 풀 수 있었다.

내가 아는 친척이나 친구는 물론 갈만한 곳엔 사채업자들이 진을 치고 있었기 때문에 안전한 장소로는 불가능했다.

문제는 또 있었다. 자살할 생각으로 집을 나오면서 주머니에 달랑 몇 푼만 넣고 나왔으니 며칠 갈수도 없는 처지였다.

몸을 피할 수 있고, 밥도 먹을 수 있으며, 잠도 잘 수 있는 곳이 필요했다. 열차가 서울역에 도착하면 이 문제가 현실로 닥칠 수밖에 없었다.

이 생각 저 생각을 하던 중 기발한 방법이 떠올랐다. 바로 장례식장을 전전하는 것이었다.

병원 장례식장 노숙인

　나는 일단 서울역에 내려서 찾아 갈 병원을 정했다. 이왕지사 큰 병원이 더 수월할 것 같아 1차로 고대 구로병원 장례식장을 가기로 마음먹었다. 열차가 서울역에 도착한 시간은 오후 7시 경 이었다. 재빨리 걸어 구로동 가는 버스에 올라탔다.

　버스에서 서울역을 보니 15살 때의 서울 상경이 떠올랐다.

　용산시외버스터미널에서 구로공단 가는 버스를 못 타고 깡패 들에게 돈을 다 빼앗기고 죽도록 얻어맞았던 일들이 영상처럼 지나갔다. 그러나 지금은 나 스스로가 구로동 가는 버스를 타고 내가 먹고, 자고 할 수 있는 병원으로 찾아가고 있는 것 아닌가.

　중간에 갈아 탄 버스가 병원 앞에 도착하자 나는 장례식장으 로 가 일단 분위기부터 살폈다.

　될 수 있으면 사람이 북적거리는 곳을 찾아야 했기 때문이다.

　밖에서 기다리는 척하다가 사람들이 여럿 들어갈 때 뒤따라 들어가서는 곧바로 음식이 마련된 곳으로 가서 앉았다. 아무도 눈치 채지 못했다.

　그리고는 오랜 시간 앉아 음식을 실컷 먹고는 밖으로 나왔다. 이번에는 잠잘 곳을 찾아야 했다. 밤새도록 사람이 북적이면 식

당 칸 한쪽 구석에 누워 잘 생각이었다. 하지만 그것은 쉽지 않았다. 문상객 대부분이 자정을 전후로 쑥 줄어들었기 때문이다.

그래도 장례식장에는 잘 곳이 많았다. 문상 온 친척들이 쉴 수 있도록 마련해 둔 장소에는 크고 작은 쇼파들이 많이 있었다. 그 중 가장 푹신한 자리를 하나 택해 마치 문상 온 사람처럼 잠을 잤다.

다음날 아침 일찍 일어나 화장실로 가 세수를 하고는 병원 로비로 나갔다. 병원을 방문한 사람처럼 의자에 앉아 있거나 왔다 갔다 하면서 하루를 보냈다.

저녁 무렵이 되어서야 태연하게 다시 장례식장으로 가서 밥을 챙겨 먹었다. 아침과 점심은 먹지 못했다. 문상객들은 대부분 지녁 무렵이 돼야 몰려오기 때문이다.

장례식장 노숙생활을 몇 주 하니 익숙해졌다. 그런데 시간이 지나면서 청소하는 아줌마들의 눈을 피해야 했다.

아침 일찍 청소를 하려고 오기 때문에 쇼파에서 잠을 자다보면 가끔 만나는 사람들이다. 따라서 자주 보는 얼굴은 반드시 의심하기 마련이다.

만약 청소하는 아줌마들이 이상하게 여겨 병원 측에 신고해버리면 내 신분이 노출되고 만다. 결국 병원 측의 신고로 경찰이 오면 나는 꼼짝 없이 체포될 수밖에 없는 몸이었다.

병원 장례식장은 누가 신고를 하지 않는다면 편히 지낼 수 있는 곳이었다. 이 때문에 나는 이 병원 저 병원을 전전하면서 남들과는 다른 장례식장 노숙자 생활을 이어갔다.

이런 와중에 나를 초등학교까지 길러주신 외할머니께서 돌아가셨다는 소식을 전해 들었다. 수배중이라 상가에 갈수도 없었다. 대신 남의 상가 집에서 눈물을 머금고 명복을 빌 수밖에 없었다. 몇 개월을 하니 체질화 되다시피 했다. 장례식장을 자연스럽게 들어갔다 자연스럽게 나오는 것이 전혀 어색하지 않았다.

장례식장 노숙 덕분에 서울 시내 중형 병원 이상의 영안실은 모르는 곳이 없을 정도였다. 이 같은 생활을 7개월여 하던 나는 중대 결심을 했다.

피한다고 해결될 문제가 아니었다. 어차피 피할 수 없는 것이라면 감옥에 갈 생각으로 현실과 정면승부를 걸 수밖에 없었다.

회사가 어떻게 정리되어 가고 있는지 궁금했지만 나설 수가 없었다.

시간이 길어지면서 조바심이 났다. 부도가 났을 때 임원들이 나에게 일단 피하라고는 했지만 그것도 쉬운 것이 아니었다.

수배가 내린지 7개월이 넘어 이 병원 저 병원 장례식장을 전전하다 적십자 병원에서 노숙을 하고 있을 때였다.

나는 병원 안내데스크로 가 안내에게 전화 한통만 하자는 부탁을 했다. 병원 서류를 안 챙겨 와서 그런다고 했더니 안내하는 아가씨는 아무런 의심을 하지 않고 전화를 내주었다.

회사로 전화를 걸었다. 내심 손철상 상무가 전화 받기를 기다렸는데 다행히 손 상무가 전화를 받았다.

"이봐, 철상이 나여, 내말 잘 들어."

나는 내가 있는 병원과 로비 어떤 쪽에 앉아 있겠다고 알려주고는 전화를 끊었다.

"감사합니다. 전화 사용 잘했구만유."

아가씨는 미소 띤 얼굴로 인사를 대신했다. 나는 손 상무에게 알려준 자리로 돌아와 앉았다.

손 상무는 나와 의형제를 맺은 동생이다. 운수업을 시작할 무렵부터 줄곧 나와 고생을 같이했다. 때문에 부도 후 회사정리문제도 손 상무에게 일임하다시피하고 회사를 도망쳐 나왔다.

한참을 기다리니 병원 현관 문 쪽에 손 상무가 나타났다. 나는 벌떡 일어나 손짓을 하려다가 혹시 누가 미행해 왔을 것에 대비해 그 자리에 가만히 앉아 있었다.

이리저리 두리번거리던 손 상무는 나를 발견했는지 내가 앉아 있는 자리까지 종종걸음으로 와서는 옆에 앉았다.

"사장님, 얼마나 고생이……."

손 상무는 내 몰골이 불쌍했던지 말을 잇지 못하고 울먹였다.

"이 사람아. 왜 이러는가."

나는 손 상무의 등을 어루만지며 감정을 달랬다.

"그동안 어떻게 지냈습니까. 도무지 연락이 없으니 얼마나 걱정했다구요."

"나보다 그래. 회사는 지금 어떻게 된겨?"

"말도 마십시오, 경찰이 수시로 왔다가지요, 채권자들은 압류다 뭐다 해서 회사는 이미 업무가 마비된 상태구요. 무엇보다 사채업자들 때문에 불안해서……."

회사는 이미 끝난 것 같았다. 나는 손 상무를 데리고 입원실이 있는 곳으로 이동했다. 감정이 격해지다보면 누가 엿들을 수 있을 것 같았기 때문이다.

입원실은 병원로비보다 그나마 이야기 나누기가 편안했다. 이곳은 환자를 면회하거나 면회하고 돌아가는 사람들이어서 주변에 신경을 안 써도 됐다.

"그래. 앞으로 나가 어쩌면 되것는가?"

"전 재산을 정리해서 빚 청산을 하는 수밖에 없을 것 같습니다."

"빚 청산하면 얼마나 해결될 것 같은가?"

"현재로서는 사무실 전세금과 차량 50여대 중고로 팔아봐야 3분의 1정도 갚으면 없을 겁니다. 이것도 차 살 때 보증선 사람들의 양해가 있어야 가능한 것입니다."

손 상무의 말을 듣고 있자니 뾰족한 방법이 없었다. 일단 빚잔치를 하고 자수를 하는 것이 옳다는 생각이 섰다.

"철상이, 내가 막내 이모 집 주소를 적어 줄테니 거기 가서 내가 좀 보잔다고 일러주게, 누가 알지 못하게 다녀와야 하네."

나는 손 상무에게 막내 이모 집 주소를 적어주고 빠르면 내일, 아니면 2~3일내로 모시고 왔으면 좋겠다는 의사를 전했다.

막내 이모는 작은 이모 부탁으로 내가 차를 구입할 때 같이 보증을 서 주어 고통을 받고 있는 상태였다.

돌아가려던 손 상무가 주머니에서 몇 푼의 돈을 꺼내 내 손에 쥐어주었다.

"사장님. 우선 이것으로 뭐라도 좀 요기를 하십시오."

"괜찮어. 여기서도 먹고 자는 것은 해결할 수 있구면."

"여기서 주무셨다구요."

손 상무는 내가 병원 어딘가에서 잠을 잔 것으로 생각해서인지 눈이 댕그랗게 변했다.

"나 걱정은 하지 말고 막내 이모나 잘 모시고 오게."

"알겠습니다."

손 상무는 계단을 이용해 병원을 빠져나갔다. 나는 손 상무가 떠난 뒤에도 한참을 입원실 의자에 앉아 있다 다시 병원 로비로 내려왔다. 말이 병원 장례식장 노숙이지 그것도 힘든 나날이었다. 몸은 조금씩 야위어 갔고, 가끔은 감기 몸살 때문에 생으로 끙끙 앓아야 했다.

다음 날 손 상무가 막내 이모를 모시고 병원에 나타났다. 막내 이모를 보자 콧등이 시큰해졌다. 손 상무는 막내 이모를 내가 있는 곳까지 안내했다.

"태면아. 이게 뭐니."

막내 이모도 내 몰골을 보고 안타까웠는지 눈물을 쏟아냈다.

"이모. 전 괜찮구만유."

"아니 그동안 어떻게 지냈냐. 얼마나 고생을 많이 했기에 얼굴이 말이 아니구나."

트럭 구입할 때 보증을 서준 것 때문에 고통을 받고 있는 막내 이모는 오히려 나를 더 걱정해주었다.

"이모에게 드릴 말씀이 있어 모시고 오라했는데 일단 밖으로 나가서 말씀 드릴께유."

셋은 병원 밖으로 나갔다. 주변을 살펴보니 환자들이 앉아서 쉴 수 있도록 나무 벤치 같은 것이 눈에 띄었다.

셋은 나란히 벤치에 앉았다. 막내 이모가 내손을 꼭 잡았다.

"이모, 일단 회사 정리를 위해 빚잔치를 할 생각이구만유."

"어떻게 정리하려고."

손 상무는 자신이 설명하는 것이 좋다고 생각했는지 막내이모에게 빚잔치에 대해 간략하게 말해주었다.

"일단 차를 모두 정리해서 당좌수표부터 회수할 계획입니다. 회수 할 수 있는데 까지 회수해야 자수를 해도 죄가 가벼워질 것 같으시요."

"그래, 그럼 내가 도움을 줄 수 있는 게 뭔지 알려주시게."

막내 이모는 그 와중에도 나를 돕겠다며 자신이 도울 수 있는 것을 알려 달라했다. 너무 고마웠다.

"이모님께서는 차량 보증 서신 분들을 모아 당좌수표가 회수 될 때까지 조금만 기다리자고 부탁 좀 해주시면 됩니다."

손 상무는 막내 이모에게 무례한 부탁을 한다고 생각했는지 약간 계면쩍어 했다.

"참, 이모 차량 보증 서준 사람 중 큰 이모 둘, 그리고 작은 이모와 막내 이모가 가장 많은 비중을 차지하고 있으니 이모가 잘 설득해주세유."

"그래, 그건 내가 알아서 할게. 넌 자수할 생각이니?"

"네. 바로 자수해야 것구만유. 지금 상황으로 봐서는 도망 다닌다고 해결될 문제가 아닌 것 같구만유."

"자수하면 곧바로 감옥 가는 것 아니냐."

막내 이모의 목소리가 파르르 떨렸다.

"어차피 안갈 수는 없는 상황이네유."

"너가 얼마나 고생해서 일군 사업인데……."

막내 이모도 회사가 망했다는 생각을 하니 속이 상했는지 갑자기 닭똥 같은 눈물을 흘렸다.

"이모, 모든 것이 내가 잘못해 일어난 것인께. 그 죄 값 깨끗하게 받을께유."

막내 이모는 내 손을 잡은 채 한참동안 우시더니 긴 한숨을 내쉬었다. 그리고는 자리에서 일어났다.

"태년아, 옛날 생각해봐 그 어려운 고비도 너는 다 님겼잖니,

너무 크게 상심하지 말거라."

막내 이모는 일어나서 내 등을 몇 번 쳐주고는 손 상무와 함께 병원을 빠져 나갔다. 난 막내 이모와 손 상무가 떠난 뒤 벤치에 앉아 뜨거운 눈물을 하염없이 쏟아냈다. 내일이면 경찰에 자수를 하러 가야하는 신세가 너무도 처량하다는 생각이 들었다.

고개를 들어 주변을 살펴보니 메마른 나뭇가지에서 이파리 하나가 툭 떨어졌다. 그 이파리를 멍하니 바라보았다. 또 몇 개의 이파리가 나뭇가지에서 떨어져 땅으로 곤두박질쳤다.

아마 떨어진 낙엽이 자신의 인생과 닮았다는 생각을 한 사람은 나밖에 없었을 것이다.

벤치에서 몸을 일으켜 세웠다. 터벅터벅 병원 로비로 들어갔다. 엠블란스가 위급한 환자를 싣고 왔는지 소방복 같은 것을 입은 사람들이 환자용 침대를 밀고 어디론가 후다닥 가고 있었다. 침대 위에는 피투성이가 된 남자 한분이 많이 다쳤는지 곳곳에 붕대를 감고 있었다.

병원 로비 대기석에 가서 앉았다. 오늘 저녁만 해결하면 내일부터는 법무부의 밥을 먹어야 할 신세가 된다고 생각하니 장례식장 노숙생활이 필름처럼 뇌리를 스치고 지나갔다.

7~8개월이라는 시간이 길다면 길고 짧다면 짧을 수 있다. 그러나 도망자의 몸으로 그 긴 시간을 병원 장례식장에서 눈물로 밥을 말아 먹었다 생각하니 서글픔이 몰려왔다.

나는 1993년 10월 장례식장 노숙자 생활을 모두 청산하고 내 발로 경찰서를 찾아가 자수를 했다.

'자살'을 '살자'로 바꾸기 위해 내안에 아집과 고집, 그리고 자민도 함께 내려놓았다.

징역 1년, 철창신세가 되다

스스로 경찰서를 찾아가 자수한 나는 곧바로 철창신세가 됐다. 이후 재판을 통해 나는 징역 1년을 언도 받고 교도소로 이송됐다.

온갖 범죄자들이 다 모이는 곳, 말로만 듣던 감옥, 난 그 앞에서 상상이 아닌 현실과 부딪쳐야 했다.

죄수복을 입고 교도관을 따라 배정된 방으로 향했다. 철창문이 열리는 소리는 나를 무척이나 긴장하게 만들었다.

가뜩이나 밖에서 안 좋은 소리만 듣고 온지라 몸은 바짝 긴장해 있었다.

이윽고 내가 배정된 방 앞에 도착했다. 교도관은 열쇠로 자물통을 열고는 방문을 잡아당겼다. 그리고는 나를 그 속으로 들어가라 했다. 방 안에는 이미 7명 정도의 죄수가 수형생활을 하고 있었다.

방 안으로 들어서서 어정쩡한 자세로 서 있는데 고참 같이 보이는 한 죄수가 내게 뭔가를 묻는 것 같았다.

"어이, 거기 범털이여? 쥐털이여?"

난 무슨 말인지 알아듣지 못했다. 그냥 멀뚱히 서 있는데 또 다른 한 죄수가 어떤 죄로 학교에 입학했냐고 물었다.

그 말도 생소했다. 학교는 뭐고 입학은 뭔지 알 턱이 없었다. 그냥 멍하니 쳐다만 봤다.

"참 순진한 신입생이구만, 어이 부엉이. 쉽게 설명 좀 해드려라."

부엉이라는 착하게 생긴 죄수 한명이 육하원칙에 의거 어떻게 여기까지 오게 됐는지를 말해보라고 했다.

그때야 비로소 학교, 입학, 신입생 등 죄수들이 뭘 알려고 하는지를 알 수 있었다.

여기서는 감방을 학교, 방으로 입방 하는 날을 입학, 초짜는 신입생, 전과가 있는 사람들은 재수생, 이렇게 불렀다.

"네, 저는 회사를 운영하던 중 부도가 나 당좌수표를 회수하지 못해 여기까지 왔구만유."

"에이, 그럼 쥐털이잖아."

일명 감방장으로 보이는 고참 죄수는 계속해서 물었다.

교도소 전경

"그래. 얼마나 날렸는고."

"전 재산 모두 날려버렸구만유."

"이이구 불쌍해라, 전 재신이 얼마다요?"

"22억 쯤……."

"아이구 아까버라, 아이구 아까버라. 억울해서 잠이 오것냐."

나중에 알았지만 돈이 좀 있는 것 같은 죄수는 범털, 가진 것 없는 죄수는 쥐털로 구분하고 있었다.

범털의 경우는 영치금이나 물품 등의 혜택을 볼 수 있다는 것 때문에 대접이 달랐다. 반면 쥐털은 한마디로 빈털터리니 화장실 옆에서 자는 신세가 된다.

바닥은 마루로 되어 있었다. 덮고 자는 이불은 모포 정도로 보였다.

난 첫날 쥐털로 분류돼 화장실 옆에서 잠을 자야 했다.

다음날부터 식사 후 설거지도 내가 해야 했다. 신참의 몫이어서 할 수 밖에 없었다. 그들도 신참일 때 나와 똑 같은 임무를 했다는 것이다.

다행히 내가 있는 방의 사람들은 생각보다 순했다. 밖에서 듣던 것과는 전혀 딴판이었다. 때문에 책을 볼 수도 있을 정도였다.

일주일쯤 지나자 방안 동료들과 조금은 친해졌다. 모두가 아픈 상처를 입고 온 사람들이라 말하지 않아도 뭔가 통하는 것이 있었다.

일곱 명이 생활하는 방에서도 서열은 분명했다. 창문 입구 자리는 서열이 높은 죄수 몫이다. 담요도 서열이 높은 죄수들이 좋은 것을 골라서 밑에 여러 장 깔고 잤다.

서열 높은 죄수는 영치금이 없어도 된다. 초짜에게 넣어주는 영치금이나 물품은 일단 서열 1위에게 검침을 받아야 했기 때문이나.

한 달여 만에 감옥 생활은 익숙해졌다. 워낙 어려서부터 고생하고 자란 탓에 적응력이 빨랐다. 회사 임원 및 이모가 면회를 오면서 회사정리 문제도 진해 들을 수 있었다.

보유하고 있던 차량은 모조리 중고차로 분류 된데다 급히 팔려다 보니 모조리 헐값에 팔았다고 한다.

자산정리도 어느 정도 끝났고, 직원들은 살길을 찾아 모두 떠나갔다고 전해주었다.

차량 보증은 막내 이모와 작은 이모가 주도해 갚아 주는 것으로 합의했으나 사채는 어떻게 할 방법이 없다고 했다.

사채업자들의 행패가 심해 빚잔치를 담당했던 손 상무도 생명이 위태로워 피해 다닌다고 했다.

실제 사채업자들은 감옥에 있는 나에게 면회를 와서 엄포를 놓고 가는 등 계속 압박을 가했다.

나는 나가서 반드시 갚아 줄테니 출소할 때까지 기다려 달라 했으나 씨알도 안 먹혔다.

사채업자들은 나중에 내가 출소할 때를 기다려 나를 못나오게 하려고 고소까지 했다. 다행히 이들의 고소는 재판 결과 집행유예로 나왔다.

회사정리 문제가 어느 정도 매듭지어질 무렵 나는 손 상무 이외 모든 면회를 거부했다. 안에서라도 살길을 찾아야 했다.

감방장에게 이런 사정을 알리고 손 상무에게 대부업 및 부동산과 관련된 책을 구입해서 들여 보내달라고 부탁했다.

나는 그날부터 시간 있을 때마다 책을 들여다봤다. 다시 돈을 벌기 위해서는 뾰족한 방법이 없었다. 쉽게 논을 버는 것이 아니라 무엇을 해서라도 재기하겠다는 생각뿐이었다.

어느 따스한 겨울날 나는 감옥 안에 비치는 햇살 한 줌이 눈 깜빡할 사이에 스쳐 지나가는 것을 보았다. 평소 같으면 그러려니

했는데 그날따라 햇볕은 평소보다 빠르게 지나가는 것 같았다.

보통의 죄수들이 구석진 방에 웅크리고 있으면 고향 생각 혹은 부모 생각으로 시간을 보내는 것과는 나는 딴판이었다.

자살을 살자로 바꾼 나였기에 반드시 재기하리라 마음먹었다. 운동도 열심히 하고 수형생활도 남보다 열심히 했다.

프라스틱이나 야무진 스텐 그릇에 담겨있는 식사가 삐쩍 말라서 딱딱하게 굳어 있어도 맛있게 먹었다.

내 스스로의 억울한 입장의 변호도 없이 그렇게 1년이라는 수형생활의 5분의 4쯤 했을 때 나는 엄청난 결정을 했다.

딱히 나가서 할 일을 못 정한다면 출소 후 사채시장에 뛰어들겠다고 마음먹었다.

그도 그럴 것이 당시 빌려 쓴 사채 1억 원이 이자가 이자를 낳더니 6억 원을 넘어서고 있던 때였다.

지금은 사채시장 이자제한법 같은 것이 발효돼 그나마 폐단을 차단하고 있지만 당시는 이자 계산법이 제각각이었다.

원금에 이자가 붙는 것이 '복복복리'라고 할 정도로 눈덩이처럼 불어나는 것은 예사였다. 거기에다 돈을 갚지 않으면 온갖 폭언 및 폭력도 모자라 살해되는 경우도 발생하던 시기였다.

심지어는 돈을 갚을 수 없는 사람에게 장기를 팔도록 해 돈을 받을 정도였으니 나 역시 예외일 수는 없었다.

수형생활 11개월째가 되던 날 나는 손 상무를 통해 사채업자에게 면회를 와줄 것을 요청했다. 혹시나 했는지 사채업자 두 명이 면회를 왔다.

나는 그들에게 감옥에서 나가면 사채 빚을 다 갚을 때까지 일해 줄테니 내가 출소하면 받아달라고 제안했다. 처음엔 되지도 않는 말 하지 말라던 그들이 어쩐 일인지 나중에 면회 와서는 받아주겠다는 것이있다.

어차피 진 빛을 받을 수 없는 것이라면 나를 붙잡아 자신들이 하는 일이라도 시킬 속셈이었다.

1994년 10월 나는 1년 수형생활을 끝내고 만기 출소했다. 짐을 챙겨들고 감방을 나서는 순간 출소의 기쁨보다 또 다른 걱정에 가슴이 막막해졌다.

교도소 밖에는 그렇게도 나를 괴롭혔던 사채업자들이 기다리고 있을 것이기에.

"콰~다~당!"

교도소 철문이 열렸다. 나는 절망인지 희망인지도 모르는 현실의 세계에 또 한 번 첫발을 내 놓았다.

내 앞엔 어김없이 사채업자들이 서 있었다. 그래도 같이 일할 사람이라고 생각했는지 두부까지 사들고 왔다.

"어이! 김 사장, 고생했구만, 여기 두부 좀 잡솨 봐."

사채업자들이 전해주는 두부를 받아드는 순간 막내 이모와 손 상무가 달려왔다. 그러자 사채업자들은 몇 발 뒤로 물러나 저만치에 가 서 있었다. 그래도 눈치코치는 있었는지 친척과의 상봉까지는 망치지 않았다.

"얼마나 고생이 많았니."

막내 이모는 나를 부둥켜안고 울음을 터뜨렸다. 옆에 서 있던 손 상무도 이 광경을 보고 눈물을 훔치고 있었다.

"태면아, 우리 집에 가자. 이모가 맛있는 밥 해줄게."

"아니구만유. 내가 사체업자들과 담판을 지을게 있어 저들과 일단 같이 갔다가 나중에 이모 집에 들릴께유."

막내 이모는 사채업자들을 힐끔 쳐다보고는 나에게 조심할 것을 당부했다.

"조심해라, 사채업자들 무서운 사람들이다. 무슨 담판인지는 몰라도 여차하면 너를 해칠 수 있는 사람들이니 방심하지 말거라."

막내 이모는 내가 사채업자 때문에 얼마나 고생했는지, 또 그것을 해결하려고 스스로 호랑이 굴로 들어가려 한다는 것을 대충 알고 있는 눈치였다.

막내 이모와 손 상무를 뒤로하고 나는 사채업자들이 서 있는 곳으로 다시 걸어갔다.

"왓따, 김 사장. 눈물의 상봉 잘 끝냈소?"

"갑시다."

"가기 전에 우리가 준 두부는 먹어야 안 되것소. 여거 또 오고 잡소. 후딱 해치우시오."

나는 그들이 겁나서가 아니라 다시는 오기 싫은 곳이기에 액땜밥 차원에서 두부 한모를 꾸역꾸역 씹어 먹었다.

그리고는 그들이 타고 온 승용차에 나는 몸을 실었다. 차장 옆으로는 막내 이모와 손 상무가 울면서 손을 흔들고 있었다.

사채 빚 갚기 위해
사채소굴로 들어가

내가 탄 차는 한참을 달려 허름한 건물 앞에 섰다. 차에서 내려 그들이 향하는 쪽을 보니 2층 유리창에 '대부'라는 글자가 보였다.

2층으로 올라가니 그들이 사용하는 사무실로 보이는 방이 나타났다. '신흥 대부'라는 글자판이 붙은 사무실 문을 여니 오야봉으로 불리는 사람이 나를 형식적이나마 반기는 듯 악수를 청했다.

"어서 오시오. 감옥에서 얼마나 고생이 많았소."

나는 손을 잡는 둥 마는 둥 악수를 했다.

"그래. 우리하고 손잡고 일을 하겠다 약조했다는데 이런 일 해본 경험이 있소."

"아니 없구만유. 그러나 충분히 할 수 있는 일이라 도전해보려고 하구만유."

"그래요. 쉽지 않을텐데……."

"아니구만유. 이보다 더한 일도 해봤응게 충분히 할 수 있구만유."

"이보다 더한 일이라, 무슨 일을 하셨기에."

"말씀드리기 뭐하지만 운수업을 하기 전까지 저는 머슴, 구두 닦이, 식품가게 점원, 차 조수 등 밑바닥 일만 했구만유."

"히히히. 좋은 경험을 일찌감치 하셨군요."

40대 중반으로 부산사투리를 쓰는 오야봉은 미천한 내 이력이 사채업을 하는데 도움이 된다고 생각했는지 쓴 미소를 지었다.

"좋수다. 그럼 약정서를 쓰고 같이 일 해봅시다. 일단 우리 식구니까 오늘부터 이자는 중지하고 6억4,000만원은 갚으면 되것네."

나는 엄청난 돈이었지만 아무런 말도 하지 않았다. 그들이 요구하는 대로 약정서에 지장을 찍었다.

경험 한 번 없는 나로서는 이들에게 시달림을 안 받는 것만으로도 해방이었다.

그날부터 나는 그들과 같은 숙소를 사용하며 그들이 시키는 일부터 시작했다.

오야봉은 내가 입고 있는 옷이 너무 누추해 보였던지 어디 가서 츄리닝(체육복) 한 벌과 허름한 운동화 한 켤레를 사다 주었다. 당시만 해도 츄리닝은 외출과 잠옷을 동시에 해결할 수 있는 대표적 서민복이었다.

처음엔 두서너 명씩 조를 맞춰 다녔다. 혹시 내가 도망 갈까봐 감시 차원이었다. 오히려 혼자 가는 것보다 그것이 나로서는 편했다. 일도 배울 수 있어 일거양득이었다.

며칠을 따라 다녀보니 진짜 사채로 빌려준 돈을 받는 것은 깡패들이나 할 수 있는 일처럼 보였다.

이들은 욕설과 폭언은 물론 여차하면 목숨도 잃을 수 있다는 분위기를 한껏 고조시켜야 채무자에게서 돈을 받을 수 있다고 믿고 있기 때문이었다.

처음 몇 번은 나도 따라했다. 그러나 동작이 어둔하고 아마추어 냄새가 났다. 나도 느낄 수 있었다. 고참들이 하는 행동은 프로 연기파 배우들 저리가라였다.

이러다 보니 당하는 사람은 겁을 먹을 수밖에 없다. 인상도 깍두기 비슷한데다 말투나 행동까지 거들먹거리니 채무자들은 이들을 만나면 사시나무 떨듯 한다.

실제 폭력을 행사하는 애들도 있었다. 그러나 채무자는 이들의 엄포가 너무 무서워 신고는 엄두도 못 내고 모두 당하고 만다.

일을 같이 한지 한 달여쯤 됐을 때 오야봉이 적어 준 주소로 혼자 찾아가 돈을 받아 보라고 지시했다. 혼자 찾아 간 곳은 볼트를 만드는 작은 공장 같은 곳이었다.

"여기 보시오."

나는 한껏 자세를 잡고 삐딱하게 불러보았다. 주인으로 보이는 사람이 얼굴 곳곳에 시커먼 기름이 묻은 채 달려왔다.

"네. 어떻게 오셨습니까."

나를 모르고 있는 것 같았다. 기존에 돈을 받으러 오던 사람이 아닌 다른 사람이 왔으니 이상하다고 생각하는 것 같았다.

나는 가방에서 쪽지를 꺼내 사장 얼굴 앞에 들이밀었다. 당시 사채업자들은 대부분 조그마한 가방 하나씩을 겨드랑이에 끼고 다녔다.

사장은 쪽지를 보자 어떤 사채업소에서 왔는지 아는 듯 이내 풀이 죽은 목소리로 죄송하다고 말했다.

"여기 보시오, 어째서 제 날짜에 돈을 안 갚고 이렇게 많이 밀려놨소, 당장 갚으시오. 오늘 못 받아 가면 나가 박살나니께 당장 가지고 오시오."

있는 폼 없는 폼 다 잡아가며 엄포를 놓았지만 사장은 그저 죄송하다는 말만 되풀이 했다.

"죄송합니다. 조금만 기다려주십시오."

정말 못할 짓이었다. 사람이 사람을 괴롭힌다는 것이 쉬운 일이 아니었다. 나도 채무자로서 괴롭힘을 당해봤기에 나에게 당하고 있는 시장의 심정을 알 것 같았다.

마음이 괴로웠다. 한두 번 엄포를 놓다가 그만 돌아서 나왔다. 그런데 그 모습을 고참이 지켜보고 있었다. 내가 혼자서도 돈을 받을 수 있는지 없는지를 염탐했던 것이다.

그날 저녁 나는 일러바친 고참 때문에 오야봉에게 불려가 실컷 두들겨 맞았다. 그런 정신으로는 이 바닥에서 살아남을 수 없다며 오야봉은 마구잡이로 두들겨 팼다.

참으로 냉혹한 전쟁터였다. 다음날 나는 고참과 함께 그 공장을 다시 찾았다. 이번에는 고참이 뭔가를 보여주겠다면서 사장을 불러 돈이 나올 때까지 윽박질렀다.

공장에 있는 공구통 같은 것을 발로 차서 넘어뜨리기도 하고, 전기 스윗치를 내려버리는 등 일까지 방해했다. 그리기를 한 시간여, 공장 사장은 어쩔 수 없다는 듯 사무실에서 몇 푼의 돈을 들고 나왔다.

"이게 오늘 수금된 돈 전부요. 제발 좀 봐주십시오."

"이봐. 장 사장. 돈을 빌려갈 때 생각해봐, 그 돈 어디 하늘에서 떨어진거 아니거든, 있는 대로 다 갖고 오시오."

"아닙니다. 그게 전붑니다."

"어허. 진짜 왜 이러시나. 며칠 여기서 숙식 좀 하고 가기를 원하시오?"

사장은 포기한듯 다시 사무실로 향했다. 그리고는 도장을 들고 나왔다. 아이 학비 때문에 교육보험을 들고 있었는데 그것을 해지해서 줄테니 돌아가라는 것이었다.

사장은 인근에 위치한 보험회사에 들러 교육보험을 해지했다. 보험회사 직원은 해약 환급금은 며칠 후 입금된다고 했다.

고참은 그날 다시 오겠다며 반드시 돈을 찾아서 준비하고 있으라고 또 한 번 엄포를 놓고는 돌아왔다.

사채업자들의 횡포는 앞뒤가 없었다. 급전이 필요한 약자에게 살인적인 이자를 매기고 돈을 받아내기 위해 폭행, 협박은 물론 인신매매까지 일삼았다. 이들의 검은 손에 걸린 멀쩡한 기업은 망했고 가정은 파탄 났다.

사채업자들은 이렇게 번 돈을 다른 사람 이름으로 돌려놓고 고가주택에 외제차를 굴리면서 호화 사치생활을 했다.

이자도 제멋대로였다. 자영업자들에게 빌려 준 돈은 무려 연 350~436%의 고리 이자를 받아냈다. 이들은 그것도 모자라 차등 일수를 정해놓고 살인적인 이자를 받기도 했다.

특히 이들은 이자를 제때 내지 않을 경우에는 각종 협박과 폭력을 가해서라도 이자를 받아냈다. 칼만 안 들었지 가히 강도 수준이었다.

사채시장에서 벌어지는 일들은 끔찍했다. 여대생이 등록금을 마련하기 위해 불법 사채업자에게서 돈을 빌렸다 갚지 못하자 사채업자가 여대생을 협박해 유흥주점에 취업시키는 일도 벌어졌다.

사채업자들은 여대생이 벌어들이는 화대 등을 이자로 뜯어가기도 했다. 결국 여대생들은 몸은 몸대로 버리고 빌린 돈은 한몫에 갚지 않는 한 도저히 갚을 수 없는 수렁에서 허우적거리다 인생을 포기한다.

나는 체질적으로 이 같은 방법을 구사하는 데는 한계가 있었다. 돈을 받으러 갔다가 그들이 불쌍해 보여 돈도 못 받고 돌아오는 예가 허다했다.

하루는 오야봉이 불렀다. 아닌가 다르게 나에게 일을 제대로 못하니 장기를 팔아 빚을 갚고 여기서 나가라고 하는 것이다.

충격이었다. 빚을 갚으러 왔다가 목숨까지 바치는 일이 발생할 위기였다. 받아들일 수 없었다.

하지만 디 이상 피할 곳도 없었다. 자칫하면 이들에게 몰매를 맞아 죽을 수도 있다는 위기감이 엄습해왔다.

그래서 고심 끝에 다른 제안을 했다.

일반인들 사채에서 손을 떼고 중소기업 같은 곳을 상대로 영업을 해보겠다고 한 것이다.

이 제안은 못할 짓을 하다못해 내 나름으로 나의 경우를 생각해 나온 방법이었다.

사실 일반인들은 일정한 수입이 없거나 적은 상태에서 갑자기 급전이 필요한 경우를 만나 사채를 쓰게 되는 예가 많다. 그런데 이 경우 쓸 때는 급해서 쓰지만 사채의 고리 이자를 곧 감당하지 못하고 악성 채무자로 전락하고 만다.

그러나 나처럼 사업을 하는 사람들은 일시적인 자금 압박으로 사채를 쓰지만 사업이 원활하게 풀릴 경우 제일 먼저 비싼 이자의 사채를 먼저 갚는다. 일반인들보다 악성 채무자가 되는 비율도 낮고, 또한 내가 사업을 해본 경험이 있어서 잠깐 동안의 자금 압박인지, 아니면 가망이 없는 경우인지를 누구보다도 더 빨리 판단을 할 수 있다는 자신감도 있었다.

오야봉도 나의 새로운 사업 제안에 주판알을 튕겨보더니 마지막으로 제안을 들어주는 것이니 목숨 걸고 일을 해보라고 주문했다.

대신에 나는 중소기업 같은 곳은 이자를 조금 낮춰서 영업할 수 있도록 오야봉과 담판을 지었다.

다음 날부터 그동안 내가 운수업과 화장품 사업을 하면서 일면식이 있는 업체들을 찾아다니며 구걸을 하다시피 했다.

당시는 중소규모 기업들이 1, 2금융권에서 돈을 빌려 쓰기가 쉽지 않을 때였다. 때문에 다소 이자가 높더라도 사채를 빌려 쓰는 것이 횡행할 때였다. 그런데 다른 사채업자보다 이자율이 조금이나마 싸자 반응이 좋았다.

하늘이 무너져도 솟아날 구멍이 있다고 했던가. 마지막 벼랑에까지 몰렸던 나는 겨우 나뭇가지를 잡았다. 그동안 알고 지냈던 기업인들이 나를 불쌍히 여겨서인지는 모르겠지만 많은 도움을 주었다. 돈을 빌려주면 날짜를 어기지 않고 이자도 원금도 잘 갚아주었다.

물론 처음 돈을 빌려줄 때 세심하게 체크를 하긴 했지만 내가 관리하는 채무자들은 대부분 양질이었다. 다른 사장을 소개도 해주고, 심지어는 어려울 때 돈을 융통해줬다며 선물을 주는 사람까지 생겨나기 시작했다.

나의 영업 방법은 기존 사채업자들과 달랐다. 서민들에게 돈을 빌려주고 온갖 협박과 공갈로 돈을 받아내는 깡패수준의 영업이 아닌 가장 보편적이며 인간적인 방법을 택한 것이다.

일은 밤낮이 없었다. 수익이 팍팍 오르자 오야봉의 입이 귀에 걸렸다. 자신들은 한 번도 해본 방식이 아닌 내 방식이 생각 외로 잘 먹혀들고 있었으니 기분이 좋았는지 그때부터 대우가 달라졌다. 내가 진 빚의 일부도 탕감해주었다.

시간이 지나면서 빌려준 돈을 받기위해 행패를 부리는 것은 다른 직원들의 몫이 됐다. 사실 부르기 편해 직원이지 깡패 조직이나 사기꾼 집단형태였다.

그렇다고 다른 직원들을 나를 따라 할 수 없었다. 하라고 해도 못했다. 그들은 사회적 네트워크가 전혀 없었기 때문이었다.

비록 사업이 망해 나락으로 떨어져 사채업을 하고 있지만 나는 그나마 기존의 사채업자들과는 차별화를 꾀하고 있었던 것이다.

어느 책에선가 읽은 '사업은 망해도 사람은 버리지 말라'고 한 문구가 현실로 다가왔다.

정말 사람 그 자체가 돈이었고, 자산이었다. 인적자산이 이렇게 클 줄이야 정작 사업할 때는 몰랐었다.

사채업에 발들인지 2년이 되어 갈 무렵 나는 그 엄청난 빚의 상당액을 갚았다.

오야봉은 물론 직원들도 놀라워했다. 심지어 오야봉은 상하관계가 아닌 동업을 하자는 제안까지 했다.

운동화 3켤레, 츄리닝 3벌만으로 만 3년째가 되던 해 나는 그 많은 사채 빚을 모두 청산했다. 내가 생각해도 실로 감동이었다.

물론 쉬운 것은 아니었다. 자존심을 버리고, 자만을 버리고, 욕심을 버린 결과가 가져다 준 산물이었다. 남들이 잠자고 밥 먹는 시간에도 나는 뛰었다. 노력 밖에는 가지고 있는 것이 아무것도 없었기 때문이었다.

나는 빚을 청산하고 곧바로 오야봉과의 결별을 선언하고 홀로서기에 나섰다. 친척과 지인들의 빚을 또 청산해야 했기 때문이다.

다행히 오야봉도 나의 상황을 알고 있었던지라 홀로서기를 응원했다. 어떤 때는 인력을 보내 고의적으로 돈을 안주는 사람을 혼내주는 일까지 도와주었다.

돈을 조금씩 벌면서 지인들을 불러 빚을 조금씩 갚아 나갔다. 친척들에게는 현실을 이야기하면서 벌리는 대로 갚겠다고 약속했다.

이 때문에 '신흥 대부'업체에 있을 때보다 더 열심히 뛰었다. 어떻게든 지인들과 친척들의 빚을 청산하고 종자돈을 좀 만들어야 재기할 수 있다고 생각했기 때문이었다.

나행히 빚은 모두 청산하시 못했시만 재기할 수 있는 종자돈은 어느 정도 마련할 기미가 보였다.

여유 있는 시간을 택해 막내 이모를 찾아갔다. 앞으로 재기할 때까지만 기다려달라고 부탁하기 위해서였다. 매번 막내 이모는 나를 반갑게 맞아 주었다.

"그래. 그동안 빚은 좀 갚았니."

"이모 덕분에 사채 빚은 모두 정리했구요. 지인들의 빚도 이제 조금 남았구만유. 앞으로 빨리 벌어 이모들 빚도 정리할 것이구만유."

"그래. 다른 이모들은 내가 이야기해 볼테니 어떻게든 남의 빚부터 정리하거라. 어찌됐던 너가 너무 고생을 많이 하는구나."

"저는 걱정 안하셔도 되구만유. 하는 일도 잘되고 있어 재기하는데 큰 어려움은 없을 것 같어유."

나는 돈도 돈이지만 걱정하는 막내 이모에게 희망을 주고 싶었다. 사채시장이 어떤 시장인지 말하지 않아도 막내 이모는 잘 알고 있을 것이기에 굳이 설명할 필요도 없었다.

점심을 먹고 가라고 막내 이모가 내 손을 끌어 당겼지만 난 바쁘다는 핑계로 그곳을 빠져나왔다. 바쁜 일도 없었지만 막내 이모가 해주는 밥을 도저히 마음이 아파 먹을 수가 없었다.

털래 털래 걸어 시내버스 정류장으로 오는데 어디서 본 듯한 할아버지 한분이 저쪽에서 오고 계셨다.

문득 자살을 하려고 공주 뚝방 길을 갔을 때 나의 자살을 막아주셨던 할아버지 생각이 났다. 가까이 와보니 그 할아버지는 아니었다.

버스를 타고 돌아오면서 나는 깊은 생각에 잠겼다. 불혹도 안된 내 인생이 참으로 소설 같았다. 모진 가난이 나를 단련시켰고, 순간순간 닥쳐오는 어려운 고통들이 나를 못난 인간에서 벗이니게 해주었다.

나는 그날 이 다음에 돈을 벌면 노인들을 위해, 불우한 이웃을 위해, 가난 때문에 학교를 제대로 갈 수 없는 아이들을 위해 뭔가를 해야겠다는 생각을 오래도록 했다.

　집으로 돌아 온 나는 사업 재기를 위한 목표를 정하고 올인을 선언했다. 스스로에게 한 올인의 약속이지만 난 끝까지 지키기 위해 피눈물이 나도록 일을 했다.

　역시 노력의 대가는 분명히 있었다. 홀로서기로 사채업을 시작한지 얼마 안 돼 나는 사업재기의 단초를 마련할 수 있는 기회를 잡았다.

사업 재기의 발판이 된 찜질방

어느 날 지인으로부터 성북동 주변에 찜질방이 경매물건으로 나왔는데 이걸 리모델링해서 잘만 이용하면 대박을 터뜨릴 수 있다는 정보를 입수했다.

당시는 찜질방이 초기여서 아직까지는 사람들에게 조금은 생소할 때였다. 목욕탕과 찜질방의 구분이 확연히 인식되지 않을 때여서 경매로 나온 것 같았다.

다행히 감옥에 있을 때 틈틈이 공부해둔 부동산 지식이 나를 자극했다. 하루는 시간을 내 직접 찜질방이 있다는 곳으로 가 보았다.

제법 규모가 있었다. 위치도 좋았다. 잘만 운영하면 밑질 것이 없다는 판단을 했다.

사무실로 돌아와 몇 번이고 생각을 엎었다 뒤집었다를 반복했다. 문제는 찜질방에 대한 사람들의 인식이었다.

"그래. 인식만 바뀌면 도시인의 휴식처로는 안성맞춤이 될 수도 있어."

나는 무릎을 탁 쳤다. 그리고는 정보를 준 지인을 통해 경매가를 알아보았다. 한 번만 더 유찰되면 부동산 가치로 볼 때 크게 손해 볼 것도 없을 것이라는 생각이 들었다.

나는 오래전에 알고 지냈던 모 신문사 정 기자를 찾아갔다. 그는 깜짝 놀랐다. 사업이 망해 도망 다닌다는 소식은 들었지만 몇 년 만에 불쑥 나타났으니 놀랄 만도 했다.

나는 이때부터 될 수 있으면 충청도 사투리를 자제했다. 그러나 쉽지 않았다. 가끔은 습관적으로 사투리가 튀어나왔다.

"정 기자님 그 동안 별일 없었습니까?"

"나야 별일 없었습니다만, 사장님은 안 좋은 소식이 들리던데 어떻게 됐습니까."

최근 인수해 수리 중인 찜질방 앞에서의 필자

나는 그동안의 일을 대충 설명하고 찜질방에 대해 슬쩍 물어보았다.

"정 기자님. 요즘 찜질방이라는 것이 생기던데 그런 것 보도 안합니까."

"아! 그거 말이죠. 안 그래도 특집으로 한번 다루려고 합니다. 찜질방하고 무슨 관계가 있습니까."

"사실 저가 사업이 망한 후 오랫동안 재기를 위해 진짜 고생을 많이 했는데 마침 찜질방 경매물건이 하나 나와 낙찰되면 한 번 해볼까 하는데 국민들의 인식이 아직 못 따라와서 걱정입니다."

"제가 생각건대 괜찮을 것 같은데요. 조금 있으면 겨울철로 접어들 것이고, 그렇게 되면 많은 사람들이 찜질방으로 몰릴 것입니다. 언론도 예의 주시하고 있는 분야거든요."

"아! 그렇군요. 혹시 내가 찜질방을 하게 되면 보도 많이 해주세요."

"여부가 있겠습니까. 낙찰 잘 받으십시오."

나는 정 기자와 헤어져 돌아오면서 찜질방의 시험대가 이번 겨울이라는데 의심하지 않았다.

겨울철에 딱히 놀러갈 쉼터가 없는 도시인에게는 어쩌면 찜질방이 최대의 휴식처가 될 수 있었다.

나는 이때부터 이름 꽤나 있는 찜질방을 하나도 빼지 않고 탐방을 했다. 몇 개 되지 않는 찜질방들은 아직까지 대부분 목욕탕에서 조금 벗어난 수준이었다.

일대 혁신이 필요했다. 도시인들이 편안하게 휴식을 즐길 수 있는 공간으로의 리모델링이 필요했다.

많은 사람들에게 찜질방에 무엇을 갖추면 찾아오겠냐고 물어보았다. 한 가지 공통점은 가족단위 휴식처가 돼야 한다는 것이었다.

드디어 경매날짜가 다가왔다. 나는 아침 일찍 일어나 준비를 해 빠른 시간에 법원 경매장을 찾아갔다. 현장 정보도 좀 주워들을 겸 검사검사 한 시간이니 빨리 도착했다.

경매법정에는 나 보다 먼저 온 사람들이 제법 많았다. 나중에 보니 이 사람들은 대부분 아파트나 단독주택 등의 물건을 노리는 사람들이었다.

찜질방은 덩치가 커서 그런지 별로 관심을 보이는 사람이 없는 것 같았다. 어찌됐건 나는 비교적 손쉽게 찜질방을 낙찰 받을 수 있었다.

제7장
눈물 젖은 빵

찜질방과 노인잔치

찜질방을 낙찰 받은 나는 곧바로 리모델링에 들어갔다. 다양한 쉼터를 만들고 쉼터 중앙 맞은편에는 연예인들이 나와 공연할 수 있는 공연장도 만들었다.

역시 내가 생각했던 것이 적중됐다. 사람들이 몰려들었다. 목욕하고 쉬면서 연예인들의 공연까지 보니 일석삼조의 휴식처로 소문은 삽시간에 퍼져나갔다.

표현이 좀 이상할지 모르지만 우리 찜질방엔 사람들이 바글바글했다. 때밀이도, 이발사도, 구두닦이도, 식당도, 상점도 우리 찜질방에 들어 온 사람들의 얼굴에는 웃음꽃이 피었다.

수입이 짭짤해지면서 새로운 장비나, 시설들을 하나씩 늘려갔다.

도심 속의 휴식처가 아니라 마치 서울의 대표적 시민 쉼터가 된 것 같았다.

'사업이 잘 될 때 자만하지 말라'는 문구를 만들어 내 책상 유리 밑에 넣어두었다.

책상에 앉으면 가장 잘 보이는 곳이어서 두 번 다시 실패를 하지 말자는 뜻에서였다.

사람의 마음이 참 간사해서 배부르면 금방 망각할 수 있다는 것을 뼈저리게 느꼈기 때문이다.

찜질방이 잘되면서 나는 수익의 일부를 내가 다짐했던 대로 행하기로 계획을 짰다.

일부는 빚을 갚는데 사용하고, 또 다른 일부는 사회 환원이라는 큰 용도는 아니더라도 불우한 노인들을 위해 사용하기로 마음먹었다.

나는 관내 노인들을 초청해 무료로 목욕을 시켜드리는 일을 정기적으로 실시했다. 시간이 있을 때면 직접 목욕탕으로 가서 노인들의 등을 밀어드리기도 했다.

노인 효도잔치

또 다른 한편으로는 연예인 봉사단과 힘을 모아 노인복지시설이나, 고아원, 장애인 시설들을 찾아가 공연도 해주고 봉사도 함께했다.

사람 사는 것 같았다. 남의 위해 봉사한다는 것이 이렇게 행복하다는 것을 알기 시작했다.

사람들의 시선이 달라졌다. 많은 사람들이 내가 정치를 위해 형식적인 봉사활동을 한다고 생각했으나 진심을 알고는 칭찬을 아끼지 않았다.

그러나 그러한 칭찬도 짐이 됐다. 어느 것이나 과하면 넘치는 법이라는 것을 난 사업이 쫄딱 망해보고서야 교훈을 얻었다. 따라서 내가 할 수 있는데 까지만 한다는 원칙을 지키고 싶었다.

나는 과하지도 모자라지도 않게 내 분수껏 봉사활동을 이어갔다. 때로는 주변에서 뭔가를 노리고 한다는 소문도 돌았지만 개의치 않았다. 눈치 볼 이유도 없었다. 그럴 때면 경기도 등 다른 지방으로 찾아가 잔치를 베풀었다.

그중에서도 노인잔치는 빼놓지 않았다. 외할머니께서 주신 고귀한 사랑과, 자살을 하러 공주 뚝방 길에 갔을 때 나에게 자살을 살자로 바꿔준 최면경 할아버지를 위해서도 나는 이 일을 의무처럼 했다.

노인잔치는 큰 잔치도 아니었다. 형편 따라 하다 보니 연예인 몇 명과 나의 뜻을 같이 하는 사람들의 재능기부, 그리고 독지가들의 물품 찬조가 전부였다.

비록 작은 잔치지만 어르신들은 너무도 좋아했다. 인기 연예인들도 나의 이 같은 진심을 알고 차비 몇 푼 받는 것으로 공연에 적극 참여해 주었다.

나는 직접 잔치를 열 수 없을 때는 다른 공연단의 잔치를 후원했다. 양말이 됐건 빵이 됐건, 음료수가 됐건 형편이 닿는데까지

당시 〈'사랑의 때밀이' 찜질방 사장 이태섭씨〉로 신문에 실린 필자

당시 노인들에게 경노 잔치와 식사 대접하는 선행으로 신문에 실린 필자

지원했다. 이런 인연으로 많은 연예인들이 우리 찜질방에서 무료나 실비로 공연을 해주기까지 했다.

찜질방에 온 사람들이 너무도 좋아했다. TV에서 보던 가수, 코메디언 등 인기연예인들이 심심찮게 찾아와 공연을 하고 가자 찜질방 인기는 더 올라갔다.

이런 공연을 보기위해 가족단위로 찾아오는 손님들도 덩달아 늘어났다. 매출도 쑥쑥 올랐다.

노인들을 위해 국악 공연도 가끔씩 열었고, 어떤 때는 노인들에게는 무료로 찜질방을 이용토록 배려했다.

불과 얼마 전까지만 해도 목숨을 버려야 할 정도로 나락으로 떨어졌던 나에게 신은 재기의 날개를 달아 준 것이다.

찜질방 사업이 잘되니 여기저기서 도움을 주겠다는 사람들도 나타났다. 내가 자만 때문에 사업이 망한 후 다시 재기하는 것을 보고 많은 지인들이 감동을 받았다.

보통사람 같으면 죽어도 몇 번 죽었을 것인데 잡초처럼 일어난 나를 보고 하나같이 "당신 대단해!"라는 표현을 주저하지 않았다.

사실 그랬다. 난 잡초처럼 살았다. 어려서는 부모 잘못 만나 가난의 족쇄에 갇혀 살았고, 청년이 되어서는 그 족쇄를 풀어보려다 자만의 족쇄를 차야했다. 몇 번이고 쓰러지고 고꾸라졌지만 오뚜기처럼 다시 일어섰다.

부모로부터 버려진 나는 외할머니의 은덕으로 목숨을 연명했고, 자살을 시도하려 했을 때 전혀 인연이 없던 할아버지의 은덕으로 새로운 인생을 얻었다.

그러기에 내 인생에는 노인들의 사랑이 가득하다. 내가 지금까지도 노인잔치를 하고 있는 것은 어르신들로부터 받은 만큼의 사랑을 돌려주는 것이라고 생각하고 있다.

한번은 탑골공원에서 노인잔치를 하고 있는데 어떤 노인 한 분이 와서는 돈을 만원만 달라고 했다. 나는 무슨 영문인지 몰라 지갑을 꺼냈더니 할아버지는 지갑을 든 내 손을 밀치며 가슴 찡한 이야기를 했다.

"됐네. 자네가 내게 주려던 만원은 우리에게 수 억 원을 주는 것과 같은 것이네. 세상에 돈 안 아까운 사람이 어디 있겠는가. 난 돈을 꺼내 주려고 하는 자네의 눈빛에서 그 진심을 읽었네, 장담컨대 자네는 분명히 크게 성공할 것이야."

좀 황당하긴 했지만 지금도 그 어르신의 말씀이 뇌리를 떠나지 않는다. 도인 같지도, 그렇다고 구걸이나 하는 노인 같지도 않았다.

말씀인즉 내가 노인잔치를 하는 이유가 궁금했던 모양이었다. 그 진실을 알아보기 위한 어르신만의 방법인 듯 했다.

사실 노인잔치를 하다보면 어르신들에게 칭찬을 많이 듣게 된다. 보약보다 값비싼 말들을 한마디씩 해준다. 그럴 때마다 부모님이 많이 그리워진다.

"부모님이 누구신지는 모르겠으나 반듯하게 잘 키우셨네. 이렇게 고마울 수가."

"우리한데도 이렇게 잘 하는데 부모께는 얼마나 잘하겠는가."

"복 받을 거여, 반드시 복 받을 거."

"우리가 사업 잘되라고 많이 빌어 줄 것이구만."

노인잔치 때마다 어르신들이 한마디씩 해주지만 그러나 난 부모로부터 어떤 사랑도 받지 못했다. 지금 이 시간까지도 부모님이 내게 준 사랑의 무게는 제로 그람이다.

그 사랑이 너무 아픔으로 다가와 집으로 돌아와 혼자 목 놓아 운 적도 한두 번이 아니다. 하지만 울면 울수록 그리움은 지워지지 않고 차곡차곡 쌓여만 갔다.

얼마 전 영등포 아트홀(구, 구민회관)에서 치른 노인잔치 때도 난 부모님에 대한 그리움 때문에 화장실에 가서 혼자 눈물을 흘렸다.

　　나도 어느 새 오십대 후반이 됐다. 지금 나의 곁에 없는 아버지와 살아 계시지만 다른 사람의 어머니가 된 엄마를 그리워하면 잠을 잔다.

　　그것이 인간만이 가질 수 있는 감정인 것 같다.

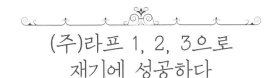

(주)라프 1, 2, 3으로
재기에 성공하다

찜질방을 하면서 예상외의 재미를 본 나는 본격적으로 경매 시장에 뛰어들었다.

언젠가는 찜질방도 사양 산업이 될 수 있다는 가정 하에 새로운 수익구조를 만들겠다는 계획이었다.

전문서적을 구입해 책장이 낡아 떨어지도록 탐독했다. 또 많은 전문가들의 조언과 실전 전략을 공부했다. 그러나 가장 값진 영양소는 현장경험이었다.

나는 경매 붐을 일으켰던 지난 2003년, 약 70억 원대 상가건물을 30억 원에 낙찰 받아 약 20억 원의 수익을 올리기도 했다.

이는 해당 물건에 대한 철저한 분석과 전망 조사 등 오랜 시간에 걸쳐 나온 결과물이기도 하다.

크고 작은 경매물건에서 나는 남다른 두각을 나타냈다. 많은 투자자들이 나를 신뢰하기 시작했다.

경매와 부동산컨설팅 분야에서 베테랑으로 통하던 2006년 나는 부동산컨설팅 전문업체 ㈜라프를 설립하고 대표이사로 이름을 올렸다.

나의 전략은 부동산 무사 노하우에 내해 형식과 틀에 읽내이는 것이 아닌 현장에서 직접 익힌 실전 경험이 동반됐다.

언론들이 나에게 관심을 갖기 시작했다. 경매와 관련 성공적인 투지를 위한 가이드에 내 이름이 오르내렸다.

경매현장에서 겪었던 시행착오, 그리고 작은 실패 등의 경험까지 하나도 버리지 않았다. 발로 뛰고 몸으로 직접 터득한 나의 노하우와 부동산 불황 속 투자전략은 성공률이 상당히 높았다.

많은 투자자들이 나에게 관심을 보였다. 이때부터 ㈜라프는 경매로 부동산 투자를 진행할 때 발생할 수 있는 리스크를 감소시켜주는 역할을 맡았다.

라프 하우스 1호, 2호, 3호

㈜라프는 주로 물건 선별과 투자수익 전망 등 면밀하게 분석한 물건을 경매로 낙찰 받은 후 투자자들을 모집하고 부동산 투자의 밑바탕을 마련해주는 것이었다.

경매시장에서 직접 발품을 팔며 산전수전을 다 겪은 나는 언론의 요청으로 몇몇 신문에 부동산 관련 칼럼을 연재하기 시작했다. 많은 독자들이 큰 호응을 나타냈다.

나는 신문 칼럼 등을 통해 현재 투자가치가 유망한 부동산 종목을 투자자들에게 일러주고 시행착오를 되풀이하지 않도록 길을 일러주었다.

특히 현장에서 만들어진 노하우와 자신만의 수익창출 노하우를 투자자들에게 전수하는데 진짜 최선을 다했다.

내가 이처럼 투자자들에게 수익을 안겨주는 비법을 알려주려고 나선 것도 내가 겪었던 일을 되풀이하지 않게 하기 위해서였다. 조금이라도 더 벌어보려는 일반 투자자들에게 꿈과 희망을 주고 싶었기 때문이다. 희망과 꿈은 원동력이며 미래라고 나는 생각했다.

작은 돈이건 큰돈이건 자신의 전 재산을 날리고 나면 많은 사람들이 부도를 맞은 것 같은 아픔에 빠진다. 이런 사람들의 대부분은 무작정 경매시장에 달려들었다가 피해를 본 사람들이다.

부동산은 살아 있는 생물 같아서 정책이나 여론에 상당히 민감하게 작용한다. 실제 현장에서는 경매를 통해 임대 수익을 목적으로 상가를 낙찰 받는 사람들이 많다. 그러나 금리인상에 내수 경기까지 침체될 경우 다시 경매로 내몰리는 등의 악순환을 겪게 된다.

나는 생각하고 싶지 않은 아픔을 일찍 겪었다.

30대 중반에 운수업체 사장으로 성공한 후 사세를 확장하고자 화장품, 여성용 마사지 기계 사업에 손을 댔다 부도를 냈었다. 자살을 생각해야할 만큼 고통도 당했다.

그 원인은 다름 아닌 물건 선별과 투자수익 전망 등에 대한 주도면밀한 분석이 없었기 때문이다. 그러나 초년 고생은 돈 주고 사서도 한다고 했듯이 그 실패는 어느 때보다 나를 단단하게 만들었다.

힘들게 모아 놨던 재산을 몽땅 날리고 빚더미에 올라앉아 쫓기는 신세가 됐을 때 얻은 교훈은 값진 화산으로 분화돼 나타났다.

나는 남들보다 몇 배 더 발로 뛰었다. 부동산 시장은 분명히 발품의 피드백이 있었다. 많은 수익을 얻어냈다. 사실 경매물건은 싼 맛에 무조건 경매를 받는 것만이 능사는 아니다.

그 물건과 주변여건까지 철저하게 분석해 리모델링 후 다시 매매할 때는 그만큼 구매자의 입맛과 맞아 떨어져야 했던 것이다.

나는 이때부터 ㈜라프의 규모를 키우는데 주력했다. 나중에 하고 싶은 일이 있기에 차곡차곡 그 계획에 주춧돌을 놓아가야 했기 때문이다.

그 계획은 다름 아닌 복지재단이나 노인복지센터를 설립하는 것이었다. 세상에서 소외 받은 불쌍한 사람들을 위해 번만큼 베풀며 살겠다고 스스로 맹세한 약속을 지키기 위한 또 다른 약속이기 때문이다.

옛말에 '개같이 벌어서 정성처럼 쓰라'고 했다. 하지만 나는 머슴, 구두닦이, 식품가게 점원, 차 조수 등 우리사회 밑바닥 생활을 직접 경험하면서 가난의 아픔이 얼마나 큰 것인지 충분히 알았다.

그때 누구에게든 크고 작은 도움을 받았던 나였기에 그 도움을 또 다른 사람들에게 나눠주고 싶은 것이다.

'두 번 다시 실패는 없다'를 모토로 나는 밤잠 안자고 일을 했다. 큰돈은 아니더라도 돈을 모아야 내가 그리고 있는 꿈을 완성

할 수 있다는 일념 하나로 오로지 액셀레이트만 밟았다.

그렇게 노력한 결과는 나에게 큰 자산과 가슴 벅찬 희망으로 다가왔다.

이런 와중에 운수업을 할 때 남아 있던 지인 및 친척들의 빚도 하나 둘씩 갚아 나갔다. 결국 나는 12년 만에 그 지긋지긋한 빚을 모두 청산했다.

지금 와서 다시 되새겨 봐도 나의 재기를 믿고 기다려준 지인들이나 친척들이 너무 고맙다. 아마도 오늘의 성공에는 이분들의 배려가 있었기에 가능했다고 생각하고 있다.

2014년, 나는 드디어 영등포구 당산동 소재에 오피스하우스 건물 라프1에 이어 라프2, 라프3을 잇따라 세우며 일약 부동산컨설팅 분야의 중견기업으로 올라섰다.

순자산 가치 700억 원대의 기업을 이룩해낸 것이다. 난 그날도 많이 울었다. 내 스스로도 대견했지만 그 결과가 내 꿈을 이뤄 주리라는 행복감이 더 컸기 때문이다.

운수업을 하면서 화장품 사업에 손을 댔다 쫄딱 망해 한순간에 빚쟁이가 된 1992년 이후 24년 만이다.

나를 아는 사람들은 "야, 진짜 당신 대단한 사람이다!"하고 말한다.

브레이크 한 번 밟지 못하고 살아 올 수밖에 없었던 내 인생은 온통 눈물 젖은 빵 그 자체였기에 나 역시 그 평가를 고맙게 받아들이고 있다.

나는 경매 현장에서 직접 발로 뛰며 바쁜 나날을 보내면서도 사회봉사와 선행 활동은 멈추지 않았다.

찜질방을 하면서 '때밀이 사장'으로도 알려진 나였기에 틈나는 대로 주변 지역 독거노인을 찜질방으로 초청해 무료 목욕과 식사를 대접했다. 뿐만 아니라 교도소 교화위원으로 활동하면서 연예인들과 함께 교도소 공연 봉사활동도 진행했다.

나는 이런 봉사활동을 벌써 14년째 이어오고 있다. 자랑할 것도 아니지만 많은 분들의 협조가 있었기에 그 고마움을 이 책에 표시하고자 하는 것뿐이다.

순수 봉사활동이긴 하지만 한번 행사를 치르는데 적게는 1,500만원, 많게는 2,000만원의 경비가 들어간다.

연예인들의 재능기부와 독지가들의 협조가 있긴 하지만 장소와 장비대여, 기술자 섭외, 홍보에 이르기까지 많은 인력과 예산이 소요된다.

하지만 기쁘다. 수렁에 빠져 허우적거릴 때 누군가 나에게 손을 내밀었고, 그 손을 잡고 나는 재기에 성공한 사람이다.

그렇기에 난 기업이익의 사회 환원 실천을 우리 사회 그늘진 곳에서 삶을 이어가고 있는 모든 사람들에게 베풀고 싶은 것뿐이다.

난 여전히 배가 고프다. 60전에 내가 하고 싶은 노인복지센타를 반드시 설립해야 하기 때문이다. 그 꿈이 실현돼야 나는 일에서 손을 뗄 수 있을 것 같다.

나의 경우와 같이 본인의 의사와는 관계없이 태어나면서부터 가난의 족쇄를 찬 아이들에게 가난을 벗어던질 수 있다는 희망을 주고 싶다.

사업에 실패해 실의에 빠진 사람들에게 나 같은 사람도 산다는 용기의 메시지를 주고 싶다.

불행한 노년을 살고 계시는 어르신들께 그래도 세상은 살맛이 난다는 엔돌핀을 선물하고 싶다.

이것이 내가 꼭 하고 싶은 60대의 꿈이다.

앞으로 몇 년 남지 않았다. 뼈가 부서져라 뛰면 못할 것도 없다고 생각한다.

㈜라프는 최근 전주 덕진구 동산동 부근에 대지 600평, 건평 800평 규모의 초현대식 찜질방 오픈을 기다리고 있다.

나는 이 찜질방의 또 다른 성공을 위해 전국 각지의 온천과 찜질방을 두루 섭렵했다. 또한 온천이 발달된 일본으로 건너가 다양한 시설을 둘러보고 와서 알맹이만 골라내 벤치마킹했다. 이 역시 반드시 성공하리라 확신하고 있다.

㈜라프는 이렇듯 몇 해 안에 자산 가치 1,000억, 2,000억 원대의 기업이 될 것이다.

비록 대기업에 비해 구멍가게에 불과한 수준일지 모르지만 벌어들이는 수익의 일정 부분은 꼭 내 꿈을 완성하는데 꼭 바칠 것이다.

나는 다가오는 추석이나 년말쯤 또 다른 '효 콘서트'를 준비하고 있다. 사람들은 그 많은 돈을 왜 그런 쪽에 쓰느냐고 묻는다.

나는 대답한다. '아파보지 않은 사람은 남의 아픔을 모른다.'고.

청화대가 훤히 보이는 사무실 유리벽 앞에 섰다. 허리띠를 한 칸을 더 졸라맸다.

허리를 숙여 운동화 끈까지 바짝 동여맸다. 난 내일부터 내 인생의 또 다른 마라톤을 뛰게 될 것이다.

쓰라린 인생 교훈, 눈물 젖은 빵

2006년 12월 TV에서 흘러나오는 한 가수의 노래 소리가 나의 심장을 뒤흔들었다.

잡초처럼 인동초처럼, 오뚜기처럼 살아온 내 인생을 노래하는 것 같았다. 어떻게 그렇게 잘 표현했는지 나는 그 노래의 팬이 되고 말았다.

눈물에 젖은 빵을 먹어보지 않고서
어찌 인생을 논할 수 있니
쓰라린 사연 하나 가슴에 없으면서
어찌 인생을 안다 하겠니
산다는 게 그렇게 만만하지가 않아
만만하다면 그것 또한 재미없는 거잖아
진흙탕 속에도 뒹굴어 보고
가시밭길도 걸어 봐야지
인생에 제 맛이 진하게 울어나지
먹어 봤나 눈물 빵 눈물 젖은 빵

눈물에 젖은 빵을 먹어보지 않고서

어찌 인생을 논할 수 있니

쓰라린 사연 하나 가슴에 없으면서

어찌 인생을 안다 하겠니

산다는 게 그렇게 만만하지가 않아

만만하다면 그것 또한 재미없는 거잖아

캄캄한 어둠속을 헤매도 보고

사막 같은 길도 걸어 봐야지

인생에 참 맛을 뼈저리게 느끼지

먹어 봤나 눈물 빵 눈물 젖은 빵

먹어 봤나 눈물 빵 눈물 젖은 빵

이 노래를 부른 가수는 고영준씨였다. 나는 그를 만났다. 만나보니 그는 국민가수 고복수-황금심 부부의 아들이었다.

그도 인생을 살아오면서 나름의 아픔이 있었지만 오히려 나를 더 많이 위로했다. 지금은 내가 매년 베풀고 있는 노인잔치나 후원 행사에 단골로 출연해준다.

사실 나는 눈물 젖은 빵도 배불리 먹어보지 못했다. 어릴 적부터 나와 함께한 가난은 나에게 배불리 먹을 빵 한조각도 주지 않았다. 세끼 밥도 제대로 먹지 못하던 형편이라 언감생심 빵은 근처에도 못 가봤다.

나는 가난의 족쇄를 풀려고 무던히도 노력했다. 그러나 그것이 마음대로 되는 것이 아니었다. 발버둥 치면 칠수록 가난의 족쇄는 나를 더 아프게 옭아맸다. 노래 가사처럼 진흙탕 속에도 뒹굴어 보고, 가시밭길도 걸어 봤다. 캄캄한 어둠속도 헤매 봤고, 사막 같은 길도 걸어봤다.

내 인생 자체가 눈물 젖은 빵이라 해도 과언이 아닐 정도로 나는 청년이 될 때까지 가난과 싸웠다.

잘 사는 집 아이들이 먹는 빵 한 조각을 먹고 싶어 수도 없이 삼켰던 침과 눈물, 교복을 맞춰준다고 오라 했던 아버지를 기다리나 배가 고파 훔쳐 먹고 싶었던 찐빵. 자살을 실패하고 서울로 상경하면서 먹었던 눈물에 젖은 빵. 수없는 빵 중에 나는 어릴 적 먹고 싶었던 빵을 잊을 수 없다.

도시락 싸오는 아이가, 계란 프라이 싸오는 아이가, 빵 먹는 아이가, 너무도 부러웠다.

단맛의 매력은 배고픈 시절 가장 입맛을 자극하는 물질이었다. 오죽했으면 나중에 돈 많이 벌면 빵 한번 실컷 먹겠다는 생각까지 했겠는가.

지금이야 생각하면 웃음이 절로 나지만 어린 시절의 나에게서 빵은 눈물을 자극하는 촉매제이기도 했다.

이 때문에 50대 후반에서 60대를 바라보는 지금도 나는 빵을 자주 먹는다. 그 때의 한이라도 풀듯이 몇 개를 집어 먹는다.

아침 출근 때 빵을 사기위해 빵집에 들른다. 퇴근이 임박할 때도 빵을 사와 직원들과 같이 먹는다.

직원들은 빵이 뭐가 맛있다고 툭하면 사서 먹느냐고 생각할지 모르지만 나에게서 빵은 특별한 것이다.

내가 먹는 빵은 곧 눈물 젖은 빵이며 쓰라린 인생이다.

부모로부터 버림받고, 머슴이 되고, 구두닦이가 되고, 식품가게 점원이 되고, 차 조수가 될 때까지 그 빵 한 조각도 내게는 허영이었다.

나에게는 앞으로도 많은 시련이 있을 것이라 본다. 그 때마다 그렇게도 먹고 싶어 했던 빵을 먹으면서 인생 제 2막의 수채화를 그려볼까 한다.

적어도 앞으로 내가 먹는 빵 만큼은 나에게 두 번 다시 눈물 젖은 빵이 아니기를 기도하면서…….

"이태섭이도 살고 있습니다!"

유명 연예인의 갑작스런 자살, 유명 기업인의 자살, 유명 정치인의 자살, 전직 대통령의 자살, 어린 학생들의 자살, 노인 부부의 자살……. 자살이 해마다 늘고 있다. 이렇다보니 대한민국은 자살공화국이라는 오명의 타이틀까지 달고 있다.

자살이라고 하면 나 또한 예외일 수 없다. 죽기로 마음먹었으면 아마도 수 백 번을 자살했을 것이다. 그러나 나는 '자살'이라는 단어를 '살자'로 바꿔 오늘 이렇게 남들과 같이 살고 있다.

태어나자 말자 운명처럼 올가미를 씌운 가난은 나를 몇 번이고 자살의 구렁텅이로 밀어 넣었지만 용케도 살아남았다. 살아남은 것이 아니라 살아남을 수밖에 없었다.

'성공한 자가 살아남는 것이 아니라, 살아남은 자가 성공한 것'이라는 말을 정확히는 모르지만 성공을 위해 나는 살아남아야 했다.

본인의 의지와는 관계없이 내가 살아야만 했던 인생의 절반은 가시밭길이었다. 피할 수도 없었다. 찢기고 피투성이가 되어도 난 그 길 외에는 다른 길이 없어 돌아서지 못하고 앞으로만 걸었다.

수없이 넘어졌고, 헤아릴 수 없을 만큼 고통을 당했다. 돈이 없어, 가난 때문에, 못 배워서, 부도가 나서, 나는 이런 고생을 모두 이겨냈다.

물론 무일푼에서 세운 운수업이 화장품 사업에 잘못 엮여 부도가 났을 때 나는 정말로 자살을 결심했었다. 다행히 공주 뚝방 길에서 최면경 할아버지를 만나 새로운 인생을 찾았지만 그 때의 심정을 나는 잘 안다.

세상은 나약 할대로 나약해졌다. 내가 보기에는 별 것 아닌 것 때문에 너무도 쉽게 목숨을 끊는 사람들을 본다. 물론 핑계 없는 무덤이 없듯이 모두가 핑계가 있고 그만한 이유가 있다.

하지만 자살은 순간이요, 찰나다. 죽을 힘이 있으면 살아야 한다는 마음가짐이 반이다. 나머지 반은 어떻게든 그 고통과 싸워 이기겠다고 하는 용기다. 그래야만 자살을 살자로 바꿀 수 있다.

짬을 내 자살 통계를 찾아보니 가히 충격적이었다. 최근 공포의 대상이 되고 있는 중동 호흡기증후군(메르스)보다 더 무서운 자살을 우리는 너무도 태연하게 받아들이고 있는 것은 아닌가 생각한다.

어쩌면 방송을 통해 유명인들의 자살을 접하면서 '자살'이라는 단어가 우리에게 면역반응을 일으키고 있는 것은 아닌지 모르겠다.

통계청 자료를 뒤져봤다. 한국 자살률은 2000년대 들어 가파르게 증가하고 있었다.

인구 10만 명 당 자살자 수(자살사망률)는 2011년 30명을 넘어섰다. 2013년에는 28.5명으로 다소 줄었지만 1999년(15명)에 비하면 10년 만에 2배 이상 증가한 셈이다.

특히 남성의 자살 사망률은 2013년 기준으로 여성보다 2.3배 가량 높고, 나이가 많을수록 자살하는 사람이 늘어났다.

70세 이상은 2012년 기준 자살률이 253.4명에 달한다.

그런데 나의 눈길을 끄는 통계는 20~30대의 경우 자살이 사망원인 1위를 차지하고 있다는 것이었다.

통계청 '사망원인통계결과'를 보니 2013년 사망원인에서 1~9세는 운수사고, 10세 이상은 자살이 사망원인 1위였다.

그 해 자살 사망자 수는 1만4,427명으로 사망률은 2012년 조사 때에 비해 0.4명 늘었고, 10년 전인 2003년(22.6명)보다는 5.9명 많아졌다.

또 다른 통계자료를 찾아봤다. 2014 사회조사를 보니 국민 중 6.8%가 자살충동을 경험한 것으로 나타났다.

즉, 100명 중 7명 정도가 자살 욕구를 느낀 셈이다. 이 역시 13~19세가 8.0%로 가장 높았고, 60세 이상이 5.2%로 가장 낮았다.

한국보건사회연구원의 2013년 조사 통계도 별반 다르지 않았다. 자살충동 경험자 중 처음으로 자살을 생각한 시기는 10대 이하라고 응답한 비율이 76.4%로 가장 많았다.

10대 이하 비율은 2011년 19.8%, 2012년 58.4%에서 2013년에는 80%로 크게 늘었다. 우리나라는 점점 어린 나이에 자살을 생각하게 되는 사회가 되어가고 있다는 증거다.

높은 자살률로 암 등을 제외한 사망 외적요인에 의한 사망률 1위 역시 자살이라고 한다. 교통(운수)사고나 추락사고보다 자살 사망이 더 많다는 것을 보여주고 있다.

보건복지부가 2014년 4월 자살 사망자 통계와 자살 시도자에 대한 면접 조사, 자살 사망자 심리적 부검, 대국민 자살 인식조사 등을 토대로 한 대규모 자살 실태조사 결과 발표도 충격적이다.

지난 2007~2011년 자살을 시도해 응급실을 찾은 8,848명 가운데 2012년 말 기준으로 실제 자살한 사람은 236명으로, 연간

10만 명 당 약 700명의 자살률을 기록했다.

이는 일반 인구의 자살 사망률인 10만 명 당 28.1명에 비해 무려 25배 가까이 높은 것으로, 한 번 자살을 시도한 사람의 자살 위험이 매우 높다는 것을 보여주었다.

전문가들은 자살은 삶에 대한 만족이 극도로 떨어졌을 때 취하는 극단적인 행동이라고 말한다. 또한 자살률이 높은 것은 사회가 개인을 보살피는 공동체로서의 기능이 떨어졌기 때문이라고 지적한다.

말은 맞다. 그러나 우리 사회가 그런 고통에 빠져 있는 사람들을 제대로 파악하고 관리할 능력이 있느냐 하는 것이다.

나는 어려운 시대에 태어나 어쩔 수 없었다 치더라도 지금은 다르다고 생각한다. 어려움에 처했는데도 손을 내밀 곳을 몰라 극단적 선택을 하는 일이 없도록 범국가적 노력이 발동된다면 자살률은 확 줄어들 것이라 확신한다.

이는 정부의 관심만으로는 어렵다. 시민단체나 종교계가 앞장 서고 국민들 스스로도 내 주변을 살피는 대국민 의식전환이 필요한 때다.

나 역시도 뚝방 길에서 최면경 할아버지를 만나지 않았다면 벌써 저세상 사람이 됐을 것이다. 자살의 위기에 빠진 사람에게 누가 어떤 말을 해주느냐, 또는 어떤 관심과 배려를 하느냐에 따라 180도 달라질 수 있다.

용기와 희망은 분명히 자살을 이길 수 있다. 하찮은 내 경험이지만 그 고통을 참고 이겨내면 생명의 고귀함은 반드시 보상한다.

자살을 생각하는 사람들을 보면 안타깝다. 불행했던 나의 지난 시절 돌이켜 보면 신은 인간에게 숱한 고통을 주는 것 같다.

그 고통을 하나하나 넘어가면서 살아가는 게 인간이 아닌가 생각한다. 문제는 그 고통이 힘들어 극단적 삶을 선택하는 데 그것은 무척 어리석은 짓이다.

인간은 태어나면서 그 고통이 선택되어 따라 다닌다고 본다. 한번 보자. 가난도 나에게 선택된 고통이었고, 행복도 나에게 선택된 선물일 뿐이었다.

부자라고 해서 고통이 없는 것은 아닐 것이다. 그들도 부자이기에 고통을 이겨내고 있다고 본다. 누구나 자신이 당하고 있는 현재의 아픔을 고통처럼 여기고 산다. 그 고통을 탓하기 전에 먼저 자신과 싸워 이겨야 한다.

이기면 삶의 지혜가 보이고 희망이 보인다. 고통을 겪으면 그것이 안 보일것 같지만 신은 그 고통을 이기려고 하는 사람에겐 반드시 용기와 힘을 준다고 믿는다.

그 고통을 이기면 비로소 삶의 희망이 보이는 것이다. 나는 지금도 고통을 겪고 있다. 그러나 지금은 그 고통도 나에겐 커다란 자산이라고 여기고 있다.

모든 사람들은 자신의 생활 속에서 한 번쯤은 실패를 경험한다. 그렇지만 실패나 그러한 실패에 대한 가능성을 인정하는 것은 인생에서 가장 어려운 도전 중 하나다.

그런 의미에서 고뇌하는 청소년들에게 이 책을 통해 한마디만 하고자 한다.

먼저 미래 우리나라를 이끌 청소년들 중 벌써부터 낙심하여 인생을 포기해서는 절대 안 될 것이다. 현대사회가 물질적인 풍요는 대단히 잘 이루었지만 정신적으로는 너무나도 빈곤한 사회가 되어버렸다는 사실 청소년들도 인지해야 한다.

나약해진 만큼 스스로 이를 이겨낼 수 있는 용기를 충전시켜야 한다. 고통과 절망을 이겨낸 위인들의 인생에서 진정한 용기를 배워야 할 것이다.

그런 의미에서 보잘 것 없는 내 인생에서 스스로 배운 깨우친 값진 교훈 하나를 선물 하고자 한다. 겉으로 보이는 모습은 하찮은 것이다. 진정으로 중요한 것은 자신의 마음이다.

고통과 좌절을 이기려는 정신은 막강하고 신비스러운 힘이다. 정신은 최악을 최선으로 만들기도 하고, 최선을 최악으로 만들 수도 있다.

혼자라고 생각하지 마라. 천길 수렁에도 나를 바라보는 사람이 분명히 있다. 눈을 크게 뜨고 주변을 보라. 그대들과 똑 같이 고통 받고 있는 친구들이 있다.

무지는 두려움을 낳고, 두려움은 증오를 낳는다고 했다. 하지만 부딪혀 이기면 희망이 생긴다. 바로 그 희망을   아야 자살이 도망간다. 인생에서 자살이라는 단어를 걷어내고 살아보라. 분명히 살 가치가 있을 것이다.

"청소년 여러분 절대 포기하지 마십시오. 희망을 저버리지 마십시오. 여기 이태섭이 같은 사람도 살고 있습니다."

그래도 당신은 내 아버지입니다

나를 낳아준 사람은 어머니와 아버지다. 그런데 키워준 사람은 외할머니다. 영문도 모르고 자랐다.

그저 외할머니로부터 돈 빌려 간 엄마 아버지라는 것 외에는 전혀 모르고 자랐다.

앞에서도 언급했듯이 부끄럽게도 아버지는 활량이셨던 것 같다. 그것도 아니라면 전국을 떠돌던 전문 노름꾼이거나 전국구 조직폭력배의 중간 보스가 아닌가 생각한다. 하여간 돌아가실 때까지 손에 꼽을 정도 본 것이 전부여서 아버지의 직업이 뭔지, 또 어떻게 살았는지 정확히 모른다. 우리와는 전혀 무관한 사람이라고 생각하고 살았기 때문이다.

나는 기억에 없지만 누나들은 아버지가 몇 년에 한 번씩 집으로 와서는 엄마에게 행패를 부리고 어디론가 떠나 버린 것으로 기억하고 있다.

오죽했으면 엄마가 어린 누나와 나, 그리고 핏덩이 동생을 버리고 어디론가 떠났을까 생각하니 나쁜 사람인 것만큼은 분명하다.

집안의 가장으로서, 또 남편으로서, 아버지로서 아무것도 한 것이 없는 사람이다. 책임도 못질 자식새끼를 넷이나 낳아놓고 나 몰라라 내팽개쳤다.

그리고는 거들떠보지도 않았다. 양육은기녕 죄 없는 엄마끼지 구타했으니 누가 이런 사람을 아버지라 부르겠는가. 그래도 그는 여전히 나의 아버지로 남아 있다.

내가 30살이 되기 전까지는 내 머릿속에 남아 있는 아버지라는 존재는 증오의 표상이었다. 아버지는 14살 내 어린 꿈까지 무참히 밟아버렸다.

손수 만들어 준 아버지 산소를 찾은 필자

초등학교 졸업을 하고 외할머니 집 형편으로는 돈이 없어 중학교에 진학할 수 없었다. 바로 이때 아버지가 외할머니 댁에 나타났다. 외할머니는 수학여행도 못 보내준 아픔 때문인지 아버지에게 나의 중학교 문제를 꺼냈다.

"김서방, 지금 우리 형편 상 태면이 교복살 돈도 없고, 공납금낼 형편도 안 돼 중학교 진학을 못할 것 같네."

"그래요, 걱정 마세요. 제가 공납금도 내고 태면이 교복 사 입혀서 중학교 갈 수 있도록 하겠습니다."

외할머니 댁에 찾아 온 아버지는 나와는 별다른 말도 하지 않았다. 외할머니와 몇 마디 나누고는 일주일 후 교복을 맞춰 주겠다고 읍내시장으로 나오라는 말을 남기고 떠나갔다.

중학교에 갈 수 있을 것이라는 기대감에 나는 일주일을 일 년같이 길게 느끼며 기다렸다.

드디어 아버지와 약속한 날짜가 됐다. 나는 아침도 먹지 않고 부지런히 달려 아버지가 일러준 읍내시장으로 갔다.

그런데 이상하게 먼저 기다리고 있어야 될 아버지가 보이지 않았다. 무슨 일이 있어 늦는가 보다하며 정류장 가게 앞에 쪼그리고 앉아서 기다렸다.

점심때가 지나고 날씨는 어둑어둑 해지는데 그 어디에도 아버지의 모습은 보이지 않았다. 교복도 교복이지만 배가 너무 고팠다. 읍내까지 나오라고 한 아버지를 만나면 짜장면이라도 한 그릇 사줄 것이라는 기대감도 있었다.

뱃속에서는 1초가 멀다하고 꼬르륵 꼬르륵 하는 소리가 천둥을 일으키고 있었다. 물이라도 마시려고 화장실을 찾았는데 가는 날이 장날이라고 수도까지 고장이었다.

포기하고 다시 자리로 돌아오려는데 가게 집 문쪽에 김이 모락모락 나는 찐빵 통이 보였다. 뱃속은 더 요란을 떨었다.

나는 그 앞에 나도 모르게 멍하니 섰다. 한참을 서 있는데 누군가 찐빵을 사려고 왔다. 주인이 뚜껑을 여니 희뿌연 김과 구수한 냄새가 주변에 확 퍼졌다. 진짜 한 개 먹어봤으면 소원이 없겠다는 생각뿐이었다.

주인은 빵을 넘겨주고 바쁜 나머지 뚜껑을 덮지 않고 다른 일을 하고 있었다. 몇 발 앞으로 다가갔다. 손만 뻗으면 하나 정도 훔쳐도 모를 정도였다.

먹고 싶은 충동은 나에게 도둑질을 부채질 했고, 그래도 도둑질은 해서는 안 된다는 나의 양심은 도둑질을 만류했다.

먹고 싶어 미칠 것만 같았다. 몇 번이고 손을 들었다 다시 내렸다.

이런 갈등을 하고 있는 사이 주인이 뚜껑 안 덮은 것을 그때서야 알고 얼른 와서는 덮어버렸다. 그리고는 나를 힐끔 쳐다봤다.

"야, 학생. 너 오늘 종일 거기서 누굴 기다리니."

"우리 아버지요."

"아버지가 어디서 오시는데 그래 오래 기다리도록 하냐."

"모르겠어요. 좀 있으면 오실거예요."

야속한 아버지보다 아주머니가 더 야속했다. 말을 하면서도 내심 빵이라도 한 개 줄까 기대했는데 그 기대는 헛발질이었다.

그날 나는 하루 종일 굶주린 상태에서 아버지를 기다렸지만 아버지는 끝내 나타나지 않았다. 정말 무심한 아버지였다.

어린 마음에 너무도 큰 상처를 입었다. 교복이 문제가 아니었다. 중학교도 못 가게 됐으니 낙심의 깊이는 천길 같이 다가왔다.

깜깜한 밤이 되어서야 난 아버지 기다리는 것을 포기하고 집으로 발길을 돌렸다. 집으로 돌아오는 길에 나는 아버지를 증오하고 또 증오했다. 증오의 눈물이 불을 타고 흘러내려 가슴팍을

다 적실 때까지 나는 울고 또 울었다.

아버지를 못 만난 나는 중학교 가는 것을 포기하고 남의 집 머슴으로 갔다. 이게 아버지로서 나에게 남아 있는 추억의 전부다. 그런 아버지를 난 용서했다. 내 나이 29살, 아버지가 병든 몸으로 사경을 헤매고 있다는 소식을 들었을 때다.

남들은 어떻게 생각할지 모르지만 나는 아버지라는 단어를 그렇게도 아버지 앞에서 부르고 싶었다.

무조건 아버지가 있는 병원으로 달려갔다. 이미 사람을 몰라보고 있었다. 아버지는 끝내 당신 앞에서 아버지라 부르는 내 모습을 보지 못한 채 눈을 감으셨다.

1988년 아버지는 향년 68세로 영원히 내 곁은 떠나 가셨다.

파란만장한 삶을 살다 가신 아버지. 그래도 당신은 나를 낳아준 부모 중 한 사람이었다고 생각해 나는 아버지의 산소를 고향 땅에 마련해 손수 단장했다. 그리고 지금도 아버지의 묘소를 찾아가 눈물의 상봉을 한다.

"아버지, 나를 이렇게 낳아 주서서 감사합니다."

어머니! 보고 싶었습니다

몇 번 밖에 보지 못한 아버지와는 달리, 어머니는 여러 번 보았다. 여전히 생존해 계신다. 그러나 그 여러 번 중에 90%는 몇 년 전부터다.

어머니는 대소변도 가릴 줄 모르는 나와 핏덩이 내 여동생을 버리고 어디론가 떠났다가 내가 15살 때 처음 만났다.

어머니가 왜 우리 남매들을 외할머니 집에 맡기고 온다는 기약 없이 떠났는지는 지금도 모른다. 물어 볼 수도 있었지만 그것도 상처가 될까봐 지금도 가슴에 묻어 둔 채 지낸다.

그저 아버지의 구타를 견디지 못하고 떠나버렸다는 소문만 들었을 뿐 정확한 이유는 모른다.

어머니는 우리를 외할머니 집에 맡겨놓고 떠난 뒤 소식을 끊어버렸다. 고향 땅에서 15살까지 사는 동안 어머니를 본 사람도 소식을 아는 사람도 보지 못했다.

나중에 안 사실이지만 어머니는 서울에 사시면서 식품가게를 하는 바로 밑의 작은 이모와는 연락을 하고 사신 것 같다.

내가 남대문시장에서 구두닦이를 하다 이모에게 발견돼 이모 가게에서 일할 때였다.

어느 날 이모는 나에게 진지하게 엄마얘기를 꺼냈다.

나는 미움 반 보고픔 반이었지만 그래도 엄마를 꼭 한번 보고 싶었다. 나는 이모에게 만나겠다고 말했고 얼마 후 나는 이모와 함께 어머니가 사는 동네로 갔다.

나이 16세, 태어나 처음으로 나는 어머니와 마주했다. 통곡을 할 줄 알았던 어머니는 어찌된 일인지 아무 말도 하지 않았다. 그저 짧은 말 한마디로 모자 상봉을 대신했다.

"태면아. 엄마가 미안하구나."

어머니의 눈에서는 눈물이 뚝뚝 떨어지고 있었다. 나는 비석이 된 채 아무런 말도, 또 미동도 없이 그 자리에 굳은 채로 서 있었다.

어머니가 참으로 미웠다. 이미 다른 사람의 아내가 되어 있었다. 자식에 대한 사랑은 내가 아닌 다른 사람이었다. 나는 그것을 확실하게 느낄 수 있었지만 내색하지 않았다.

"내 어머니가 아니구나. 다시는 찾아오지 않겠다."

나는 가슴 터지듯 밀려 올라오는 설움을 혓바닥으로 짓누르며 속으로 다시는 어머니를 찾아오지 않겠다고 맹세했다.

슬픈 모자 상봉은 그렇게 끝났다. 돌아오는 길에 내 손을 잡아주는 이모의 따뜻한 온기가 나를 또 울렸다. 이모는 손수건을 내어주며 나를 대하는 언니가 미운 듯 나를 달랬다.

"태면아, 이미 너거 엄마는 다른 사람의 아내가 됐는데 이제 어쩌겠냐, 엄마를 용서할 수 없다면 잊어버려라."

나는 손수건으로 입을 막고 울었다. 핏덩이로 버려져 16년이란 세월을 그리움으로 살았는데 그런 어머니가 내게 보여준 모습은 너무도 큰 실망뿐이었다.

그날 이후 난 내 가슴 속에서 어머니에 대한 그리움을 하나 둘씩 지웠다. 평생 안보고 살겠노라 다짐했다.

그런데 혈육은 어쩔 수 없었던지 나는 또 어머니를 볼 수밖에 없었다. 이모가 내가 호적 없이 사생아로 16년을 살았다는 것을 알고 있었다. 나와 여동생은 어머니가 버리고 떠난 후 호적도 없이 살았다. 아버지까지 이태백처럼 떠돌아다니니 출생신고도 할 수 없었다.

초등학교 들어갈 때 주민등록 번호는 외할머니 부탁으로 동네 이장님이 대충 만들어 준 것이었다. 당시는 가능했던 시절이니 얼마나 웃긴 일인가.

이모는 어머니께 호적을 부탁했다. 그런데 어머니는 어떤 영문인지 모르지만 나를 새로 시집간 집 호적에 올려주겠다고 했다. 그래서 나는 김씨로 태어나 졸지에 호적 때문에 이씨가 됐다. 지금 사용하고 있는 이태섭이라는 이름이 바로 이때 만들어진 것이다.

나를 낳아준 아버지는 김씨지만 나를 내팽겨 쳤고, 나와는 전혀 상관없는 재혼한 어머니의 남편은 이씨지만 나를 호적에 올려주었다.

이 때문에 지금도 난 김씨가 아닌 이씨로 살고 있다. 나는 출생의 정체성을 찾기 위해 법적 판단을 받아 이미 김태명으로 개명을 해둔 상태다.

내가 생각해도 내 인생은 참으로 풀 수 없을 정도로 꼬이고 꼬였다. 이 모든 것이 내 잘못이 아닌 부모의 잘못이지만 그것이 나에게는 운명처럼 다가왔었다. 그리고 나 스스로가 오롯이 그 고난을 헤쳐왔다. 호적은 나중에 내가 사업하는데도 요긴하게 사용됐다. 이씨건 김씨건 대한민국 국민으로써 주민등록증을 받을 수 있는 근거가 됐기 때문이다.

나는 아버지를 용서하듯 결국 내 마음 속에 내재되어 있던 어머니에 대한 증오를 걷어내고 따스한 사랑을 담았다.

어머니는 남편과 사별한 후 혼자 지내셨다. 그런 어머니가 너무 불쌍해 보여 나는 조그마한 집을 하나 마련해 드렸다. 그리고 어머니가 반가워하건 말건 가끔씩 집에 들려 용돈도 드리며 지낸다. 이제 연세도 많으시고 몸도 편찮으시다.

난 이 때문에 요즘 다른 고민에 빠져 있다. 만약 어머니가 돌아가시면 장례는 어떻게 해드려야 하는지, 내가 모셔야 하는지, 아니면 재혼해서 낳은 아들에게 알아서 하라고 해야 하는지 지인들에게 자문을 구하고 있다.

어떤 것이 자식의 도리인지 내 스스로가 판단해서 할 생각이다. 어머니에게 받은 사랑은 한줌 밖에 안 되지만 그래도 낳아준 사랑만큼은 잊지 않을 작정이다.

세상이 나를 바보라고 손가락질해도 그것이 오늘 이 자리에 나를 있게 해준 어머니의 기도 덕이라 생각하기 때문이다.

에필로그

한없이 울고 싶었던 작은 변명

나의 지난날을 돌아보는 글을 쓸까 말까 참 많이도 망설였다. 몇 번이고 연필을 들고 원고지 앞에 섰지만 용기가 나지 않았다.

"나 같은 인생이 과연……."

이 단어 하나가 한없이 나를 괴롭혔다. 몇 달을 망설였다.

"안 되겠다. 접어야 한다."는 생각을 하고 있던 참에 지인들의 권유가 나의 망설임에 종지부를 찍었다.

연필을 들었다. 못난 인생이지만 진정 나를 위해서, 해 준 것 하나 없는 나를 위해서, 뭐라도 하나 남겨두자는 생각이 들었다.

틈틈이 인생투정을 긁적이기 시작했다. 그런데 왜 연필만 들면 눈물이 나는지, 나는 몇 장을 쓰다말고 덮어야 했다. 심장까지 쿵쾅거렸다.

사무실 창가에 우두커니 서서 인왕산 정상을 바라본다. 56 년이라는 세월의 절반이 눈물이었다. 참으로 모질게 살아왔다.

오뚜기처럼 일어서야야만 했고, 인동초처럼 살아남을 수밖에 없었다. 인생 자체가 잡초처럼 살아온 인생이었다.

어느새 힘들 때마다 틈틈이 떠올려 흥얼거렸던 故 김수영 시인의 '풀'을 또 읊조린다. 어려서부터 지금 이 시간까지 나를 가장 잘 대변해주고 있는 시라고 생각하고 있다.

풀

- 김수영

풀이 눕는다.
비를 모아 오는 동풍에 나부껴
풀은 눕고 드디어 울었다
날이 흐려서 더 울다가
다시 누웠다

풀이 눕는다
바람보다도 더 빨리 눕는다
바람보다도 더 빨리 울고
바람보다 먼저 일어난다

날이 흐리고 풀이 눕는다
발목까지
발밑까지 눕는다
바람보다 늦게 누워도
바람보다 먼저 일어나고
바람보다 늦게 울어도
바람보다 먼저 웃는다
날이 흐리고 풀뿌리가 눕는다.

한참을 멍하니 창가에 섰다 다시 책상 앞에 앉았다. 일기를 쓰듯 한 칸 한 칸 글을 메웠다.
남들은 어떻게 평가할지 모르지만 나는 내 자신만의 인생 푸념을 그렇게 긁적였다. 그리고 몇 달 만에 건져낸 이 졸작을 오늘 세상에 내놓는다.

부끄럽다. 글을 쓰는 내내 주마등처럼 스쳐가는 환희와 번민의 50대 후반의 인생여정이 결코 자랑거리가 못된다고 생각했기 때문이다.

훌륭한 업적도, 번듯한 명성도 축적하지 못했다. 그러나 쓰러져도 다시 일어서야만 했던 그 생명력 하나만은 빛을 발하고 있기에, 난 작은 자부심을 이 책에 고스란히 담았다.

서양속담에 '눈물 젖은 빵을 먹어보지 못한 사람과는 인생을 논하지 말라'고 했다. 이 말은 배고픔과 슬픔과 환란을 겪지 않은 사람은 큰일을 할 수 없다는 말이라 생각한다. 그러하기에 이 책에 건방지게 객기가 아닌 용기와 꿈의 경험까지 더했다.

어려서 겪을 수밖에 없었던 가난과 고통, 이어진 희열과 좌절, 그리고 고통과 슬픔의 교훈이 비록 이 세상에 한 톨 모래알로서 자리매김 한다 해도 그 가치는 분명 있을 것이기에.

나는 때때로 "내가 가는 이 길이 과연 나의 인생인가?", "그토록 많은 시련과 고통을 감내하고 얻어 낸 나름의 값진 결과가 이것이었는가?"하는 의문을 갖곤 한다.

삼시세끼 굶지 않고 사는 것에 늘 감사하면서도 왠지 한켠으로는 허전한 마음을 떨쳐버릴 수 없기 때문이다.

그 이유는 단 하나다. 이제 인생 후반의 새로운 도전 앞에 또다시 맞서야 하기에 그렇다.

이 책은 저명한 학자가 쓴 철학서도 아니요, 이름 난 대기업가나 유명 정치인들이 쓴 자서전도 아니다. 부족하기 이를 데 없는 한 인간의 푸념과 오묘한 인생경험을 함축시킨 고백서요, 자기 성찰서 정도로 여겨주길 바랄 뿐이다.

작은 바람이 있다면 청운의 꿈을 안고 자라는 청소년들이 살아가는 과정에서 닥치게 될 좌절 앞에서 다시 한 번 용기와 희망을 갖는 촉매제의 책이 됐으면 한다.

뿐만 아니다. 소중히 여겨야 할 생명을 헌신짝처럼 던져버리려는 이 시대 사람들에게 '자살'을 '살자'로 바꾸는 지혜와 힘을 조금이라도 보태주고 싶을 따름이다.

덧붙여 가난하지만 마음이 따뜻한 사람들과 소통의 역사를 만들어가는 끈끈한 밀알이 됐으면 좋겠다는 생각이다.

끝으로 이 책을 내는 데 애써주시고 많은 용기를 주신 분들에게 진심으로 감사를 드린다. 특히 나 때문에 고통당하고, 아파했던 모든 분들께 이 책을 통해 용서를 구하고자 한다. 특히 내가 수렁에 빠졌을 때 손 내밀어 나를 건져주신 분들께 마음속으로부터의 따뜻한 고마움을 전한다.

– 2015년 7월, 안국동에서

이태섭

부록

언론 보도 - 신문기사 및 방송

이태섭 (주)라프 회장의 통 큰 경로잔치! "퇴색되어가는 효사상 일깨워 주는 계기 되었으면"

이 회장, 14년째 이어온 무료봉사 활동… "지역자치단체장들 관심 보였으면 좋겠다"

– 백지흠 기자

- 이태섭 (주)라프 회장

5월 가정의 달을 맞아 부동산투자전문회사 (주)라프가 효(孝)잔치의 일환으로 어르신 700여 명을 초청해 19일 오후 2시 서울 영등포아트홀에서 '사랑의 통 큰 경로잔치'를 개최했다.

이날 행사를 수최한 이태섭 (주)라프 회장은 "올해로 14년째 이어지고 있는 이번 행사는 효친사상의 실천과 더불어 지역사회에 나눔과 봉사정신을 전파한다는 의미가 담겨 있다"며 "내 부모님 같은 어르신들이 공연을 보고 즐기시는 모습만 보고 있어도 큰 보람을 느낀다"고 말했다.

이 회장은 매년 서울 전역을 돌면서 찾아가는 경로잔치를 펼치며 점점 설자리를 잃어가고 있는 효 문화의 소중함을 일깨워주고 있다.

서울 강북구에 대형 찜질방을 운영하고 있는 이 회장은 평소에도 어르신을 위한 무료입장과 무료식사 봉사를 실천해 지역사회에서 칭송이 자자하다.

이 회장은 "순수한 마음에서 어르신들을 모시고 무료 봉사활동을 시작했지만 일각에서는 물건을 팔기 위한 의도로 행사를 진행하는 것 아니냐는 오해를 받을 때가 많다"고 안타까움을 내비쳤다.

이 회장은 "어르신들을 공경하는 순수한 취지의 행사에 공감해주고 참여해주는 주변 지인들이 있었기에 지금까지 올 수 있었다"며 "가수를 비롯한 모든 출연자들은 재능기부 차원에서 무료 봉사로 행사에 참여하고 있다"고 감사의 뜻을 전했다.

- 이태섭 회장과 봉사활동에 참여한 지인들

이날 열린 행사도 후원금 없이 이 회장과 그의 지인들이 순수 자비를 모아 어르신들을 위한 경로잔치를 마련한 것이다. 행사를 지원하고 일절 출연료를 받지 않고 직접 무대에 올라 노래를 부르는 현역 가수들도 있다.

이날 행사에 무료로 출연한 가수 이명주씨는 "내 부모님 같으신 어르신에게 봉사한다는 생각만으로도 행복하다"고 말했다.

이 회장과 30여년 지기인 서울세정병원 조원일씨는 "10년 넘게 봉사활동을 해오고 있는 모습을 보고 진심이 느껴져 함께 동참할 생각을 했다"고 전했다.

이 회장은 특정 지역에 제한을 두지 않고 서울 전역을 돌며 어르신들을 위한 경로행사를 기획해 진행해오고 있지만 어려움도 많았다고 한다. 각 구청으로부터 후원을 받지 못하고 있기 때문이다.

이 회장은 "선거철에만 얼굴을 내밀지 그 후에는 지역주민을 위한 봉사에 관심이 없다"며 "지역에 계시는 어르신을 위한 무료 경로행사를 열어도 전혀 관심을 보이지 않는 것은 이해하기 힘들다"고 말했다.

그러면서 "행사 규모에 따라 많게는 2,000만 원의 비용도 들은 적이 있다"며 "주변의 친구나 지인들의 동참이 없었다면 지금까지 올 수 없었을 것"이라며 고마운 마음을 전했다.

이태섭 라프 회장, 14년째 사랑의 통 큰 경로잔치 개최

기사입력 2015.05.21 06:54

부동산투자전문회사 (주)라프가 지난 19일 서울 영등포아트홀에서 어르신을 위한 '사랑의 통 큰 경로잔치'를 개최했다.

5월 가정의 달을 맞아 어르신을 공경하고 나눔을 실천하자는 취지로 마련된 이날 행사에서 (주)라프는 孝잔치의 일환으로 700여명의 어르신을 영등포아트홀로 초청해 경로잔치를 베풀고 만수무강을 기원하는 프로그램을 진행했다.

이태섭 라프 회장은 "자식을 위해 희생하시느라 많은 어르신들이 노후 준비를 하지 못했다"면서 "부모님과 같은 어르신들이 오셔서 공연을 보고 즐기시는 모습을 보고 큰 보람을 느꼈다"고 밝혔다.

올해로 14년째 이어지고 있는 '어르신을 위한 사랑의 큰잔치'는 이 회장이 몸소 효친사상을 실천하고 나아가 지역사회에는 나눔과 봉사정신을 전파한다는 의미가 담겨 있다.

요즘 같이 각박한 세상에 효 문화가 설자리를 잃어가면서 이 회장의 찾아가는 경로잔치는 서울 전역에서 그 유명세가 대단하다.

이 회장은 강북구에 대형 찜질방을 운영하며 평소부터 어르신을 위한 무료입장과 무료식사 봉사를 실천해 왔다. 어떤 날에는 직접 탕 안으로 들어가 하루에 어르신 수백 명의 등을 밀어주기도 한다.

이 회장은 "순수한 마음으로 어르신을 위한 무료 봉사활동을 시작한지 올해로 14년째를 맞았다"며 "사회가 혼탁하다보니 물건을 팔기 위한 의도로 행사를 진행하는 것 아니냐는 오해를 받을 때 너무 가슴이 아팠다"고 안타까움을 내비쳤다. 이 회장은 물론 행사 내내 무대에서 노래를 부르는 가수를 비롯해 춤을 추고 웃음을 주는 모든 출연자들은 재능기부 차원에서 무료 봉사로 행사에 참여한다.

▲ '사랑의 통큰 경로잔치 ' 참여한 현역가수들

이날 열린 행사도 단 한 푼의 후원금 없이 이 회장과 그의 지인들이 순수 자비를 모아 오롯이 어르신들을 위한 경로잔치를 마련한 것이다.

"선거 때는 오지 말라고 해도 찾는데, 지자체 적극적인 관심도 아쉬워"

이 회장은 어르신을 위한 공연만 할 수 있다면 특정 지역에 제한을 두지 않고 서울 전역을 돌며 경로행사를 기획한다. 하지만 행사를 위해 각 구청과 같은 곳에 도움을 줄 수 있는지 문의를 해도 후원을 받지 못했다.

이 회장은 "선거철에 자신들이 어르신을 위해 마련한 잔치에 얼굴을 내밀지만 그 후에는 전혀 관심이 없다"며 "그런 사고를 가지고 당선이 된다 해도 어르신은 물론, 나아가 지역주민을 위해 얼마만큼의 봉사를 할 수 있을지 의문"이라고 탄식 섞인 목소리를 전했다.

그는 또 "선거철만 되면 오지 말라고 해도 찾아다니면서 우리 5인방이 자신들의 지역에 계시는 어르신을 위한 무료 경로행사를 열어 준다고 해도 관심을 보이지 않는다는 것은 이해하기 힘들다"고 덧붙였다.

이 회장이 얘기한 5인방은 그를 비롯해 행사를 지원하고 직접 무대에 올라 노래를 부르는 현역 가수들이다. 어르신을 위한 경로잔치 무대에서는 일절 출연료를 받지 않는다. 이날 무대에서 직접 사회를 맡은 김 민씨도 TV에 자주 출연하는 시각장애우 방송인이지만 무료로 무대에 섰다.

이들이 진행한 경로행사에는 많게는 수 천 명의 어르신들이 운집한다.

장충체육관과 같은 큰 무대는 물론 작은 양로원도 마다하지 않는다. 그렇게 14년 동안 어르신을 위한 '孝잔치'라는 순수 봉사 활동을 지속적으로 해왔다. 말이 좋아 순수 봉사활동이지 행사 규모에 따라 많게는 2000만원의 비용도 들은 적이 있다.

무대에 각종 조명기술과 음향시스템을 활용하는데, 여기에 필요한 장비와 기술자들까지 무작정 무료로 동원할 수 없기 때문이다.

이 같은 비용은 이 회장과 함께하는 5인방이 너나 할 것 없이 서로 상황이 허락하는 선에서 최선을 다해 보탬을 주고 있다.

이날 무대에 선 가수 이명주 씨는 "출연료를 받는 무대보다 이곳에서 어르신에게 무료로 봉사하는 것이 더 행복하다"며 "봉사는 시간을 내서 하는 것이라 생각한다"고 말했다.

또 이번 행사를 후원한 서울세정병원 조원일 씨는 "남들 같으면 이렇게 하지 못한다"며 "봉사활동을 열심히 하는 모습을 보고 함께 동참할 생각을 했다"고 뜻을 함께했다. 조 씨는 이 회장의 30여년 지기다.

이들은 공연이 끝난 후 함께 모인 자리에서 "내 마음 내 부모를 모신다는 생각으로 항상 도와줘서 진심으로 감사드린다"고 서로를 향해 격려의 말을 건넸다. 이들은 어르신들을 위해 10여년의 시간을 함께한 대한민국 최고의 '孝 동반자'다.

홈 > CEO/인물 > 피플

'사랑의 孝 전도사' 이태섭 라프 회장, 14년째 한결같은 '무료봉사' 화제

이필호 기자|speconomy@speconomy.com

▲이태섭 라프 회장

[스페셜경제=이필호]자식들 뒷바라지에 노후준비는 꿈도 꾸지 못한 어르신들에게 즐거움을 드리기 위해 지난 14년간 한결 같이 무료봉사를 하는 CEO가 있다.

지난 19일 오후 2시 서울 영등포아트홀에서는 어르신을 위한 '사랑의 통 큰 경로잔치'가 벌어졌다. 이번 행사를 기획한 인물은 부동산투자전문기업 (주)라프의 이태섭 회장이다.

5월 가정의 달을 맞아 어르신을 공경하고 나눔을 실천하자는 취지로 마련된 이날 행사에서 (주)라프는 '孝잔치'의 일환으로 700여 명의 어르신을 초청해 경로잔치를 베풀고 만수무강을 기원하는 프로그램을 진행했다.

"부모님과 같은 어르신들이 오셔서 공연을 보고 즐기시는 모습을 보고 큰 보람을 느낀다"는 이태섭 회장의 '효 콘서트'는 올해로 14년째 이어져 오고 있다.

이 회장은 서울 강북구에 대형 찜질방을 운영하며 평소부터 어르신을 위한 무료

입장과 무료식사 봉사를 실천하고 있다. 또한 직접 탕 안으로 들어가 하루에 어르신 수백 명의 등을 밀어주기 등 평소 어르신에 대한 공경이 각별한 것으로 유명하다.

어르신들을 위해 무료봉사활동을 하고 있는 이 회장은 사회가 혼탁하다보니 물건을 팔기 위한 의도로 행사를 진행하는 것 아니냐는 오해를 받을 때 너무 가슴이 아팠다고 안타까워했다.

이 회장은 효 콘서트 무대에서 노래를 부르는 가수를 비롯해 춤을 추고 웃음을 주는 모든 출연자들은 재능기부 차원에서 무료 봉사로 행사에 참여한다고 설명했다.

이날 열린 행사도 단 한 푼의 후원금 없이 그와 그의 지인들이 순수 자비를 모아 오롯이 어르신들을 위한 경로잔치를 마련한 것이다.

이 회장은 어르신을 위한 공연만 할 수 있다면 특정 지역에 제한을 두지 않고 서울 전역을 돌며 경로행사를 기획한다. 하지만 행사를 위해 각 구청 등에 협조를 구해 도움을 요청해도 후원 받을 수 없다며 씁쓸한 웃음을 띄었다.

이 회장은 "선거철에 자신들이 어르신을 위해 마련한 잔치에 얼굴을 내밀지만 그 후에는 전혀 관심이 없다. 그런 사고를 가지고 당선이 된다 해도 어르신은 물론 나아가 지역주민을 위해 얼마만큼의 봉사를 할 수 있을지 의문이다"고 말했다.

그는 선거철만 되면 오지 말라고 해도 찾아다니면서 우리 5인방이 자신들의 지역에 계시는 어르신을 위한 무료 경로행사를 열어 준다고 해도 관심을 보이지 않는다는 것은 이해하기 힘들다고 탄식 섞인 목소리를 전했다.

이 회장이 말하는 5인방은 그를 비롯해 행사를 지원하고 직접 무대에 올라 노래를 부르는 현역 가수들을 말한다. 이들은 어르신을 위한 경로잔치 무대에서는 일절 출연료를 받지 않는다. 이날 무대에서 직접 사회를 맡은 김민씨도 TV에 자주 출연하는 시각장애우 방송인이지만 어르신들을 위해 기꺼이 무료로 무대에 올랐다.

이들이 진행한 경로행사에는 많게는 수 천 명이 어르신들이 운집한다. 장충체육관과 같은 큰 무대는 물론 작은 양로원도 마다하지 않는다. 그렇게 14년 동안 어르신을 위한 '孝잔치'는 순수 봉사 활동을 지속적으로 열어왔다.

순수봉사활동으로 '효 콘서트' 등을 열고 있지만 비용이 많게는 2000만원이 넘는 등 남 모를 아픔도 많다. 무대에 각종 조명기술과 음향시스템을 활용하는데 어기에 필요한 장비와 기술자들까지 무작정 무료로 동원할 수 없기 때문이다.

이 같은 비용은 이 회장과 함께하는 5인방이 너나 할 것 없이 서로 상황이 허락하는 신에서 최선을 디해 보탬을 주고 있다.

이날 무대에 선 가수 이명주씨는 "출연료를 받는 무대보다 이곳에서 어르신에게 무료로 봉사하는 것이 더 행복하다"며 "봉사는 시간을 내서 하는 것이라 생각한다"고 말했다.

이 회장의 30여년 지기이자 이번 행사를 후원한 서울세정병원 조원일씨는 "남들 같으면 이렇게 하지 못한다"며 "봉사활동을 열심히 하는 모습을 보고 함께 동참할 생각을 했다"고 뜻을 함께했다.

어르신들을 위해 10여년의 시간을 함께한 대한민국 최고의 '孝 동반자'인 이들은 공연이 끝난 후 함께 모인 자리에서 "내 마음 내 부모를 모신다는 생각으로 항상 도와줘서 진심으로 감사드린다"고 서로를 향해 격려를 아끼지 않았다.

(주)라프, 사랑의 통 큰 경로잔치 어르신 공경과 나눔 실천

박연수 기자|ssd5178@hanmail.net

▲ (주)라프 이태섭 회장 ©뉴스타운

　부동산 전문투자 회사 (주)라프는 5월 가정의 달을 맞아 19일 오후 2시 영등포 아트홀에서 어르신을 위한 사랑의 통 큰 잔치를 개최한다.

　이번 행사는 (주)라프가 5월 가정의 달을 맞이 매년 효잔치를 열었던 언장선상이다.

　이날 (주)라프는 어르신 700 여명을 영등포아트홀로 초청해 경로잔치를 베풀고 만수무강을 기원한다.

　가정의 날을 맞아 어르신늘세 푸심한 선불과 함께 지역 사회에 기여하기 위한 일환이다. (주)라프가 올해로 14번 째 어르신을 위한 사랑의 큰잔치를 베풀고 있는 것은 경로 효친사상을 몸소 실천하며 나눔을 실천하고자 하는 이태섭 회장의 지론이다.

요즘 같이 각박한 세상 말로는 효를 외시고 있지만 효 문화가 길수록 식어가고 있다. 이태섭 대표는 찾아가는 경로잔치를 펼치는 사람으로 유명세를 더하고 있다.

이 대표는 강북구 관내 찜질방에 어르신 200명을 초대해서 때를 밀어주기도 했다. 이 회장은 "가족과 이웃을 돌아보는 5월을 맞이해 이웃 어르신들에게 따뜻한 공경의 마을을 전하고자 조촐한 자리를 마련했다"며 "앞으로도 지역사회를 위해 사랑나눔을 지속적으로 실천하겠다"고 말했다.

대한노인회 관계자는 "매년 어르신을 초청해 음식을 대접하고 경로잔치를 베풀어주는 것에 대한 배려에 감사한다"며 고마워했다.

프라임경제

아파트투자 시대 끝…상가 경매투자 '적기'
[인터뷰] (주)라프 이태섭 대표 "위기 때 기회 온다"

김관식 기자|kks@newsprime.co.kr|2010.08.25 16:43:31

[프라임경제] 높은 차익 실현의 투자처로 각광받던 부동산이 갈 곳을 잃어가고 있다. 주택 시장에서 시작된 거래 악화로 인해 투자심리가 급격하게 떨어진 까닭이다. 투자자들도 '부동산으로 돈 벌던 시대는 지났다'고 보고 관망세로 돌아섰다. 붐을 일으켰던 경매시장은 낙찰가와 현 시세가 큰 차이를 보이지 않는 등 부동산으로 얻을 수 있는 차익 실현이란 이야기는 멀게만 느껴진다.

그렇다고 방법이 없는 것만은 아니다. 불황기일수록 비인기 종목인 상가, 토지, 임야 등을 유심히 살펴볼 필요가 있다.

지난 24일 오후 서울 종로구에 위치한 부동산컨설팅전문업체 (주)라프 이태섭 대표를 본사 사무실에서 만났다. 본사 빌딩 8층에 위치한 대표실 내부는 한쪽 면이 유리로 둘러싸여 들어가자마자 청와대가 눈에 들어왔다. 이 빌딩이 위한 곳은 풍수지리학적으로 용의 머리를 가리키는 곳이라고 한다.

◆ "특정지역 아닌 이상 투자가치 없어"

지난 10여년 동안 경매시장에서 직접 발품을 팔며 산전수전을 다 겪은 이 대표는 부동산컨설팅 분야에서 베테랑으로 통한다. 이 대표는 부동산 투자 노하우에 대해 형식과 틀에 얽매이는 것이 아닌 현장에서 직접 익힌 실전 경험이 동반돼야만 성공적인 투자를 할 수 있다고 강조했다.

그가 지금끼지 경매현장에서 겪었던 시행착오, 실패 등의 경험을 통해 터득한 그의 노하우와 부동산 불황 속 투자전략에 대해 들어봤다.

이 대표는 "투자처로서 아파트 등 주거형태 부동산의 시대는 끝났다"며 "부동산 시장 침세로 인해 집값이 떨어진 깃은 거품이 빠졌다는 것으로 강남 등 특정지역이 아닌 이상 더 이상 투자가치가 없다"고 강조했다.

거품이 빠지면서 전반적인 주택시장 분위기는 실거래율과 맞먹는 수준의 집값으로 돌아가고 있다는 이야기다. 실제 경매로 부쳐지는 아파트 물건을 살펴보면 낙찰가와 현 시세는 큰 차이가 없다. 차익을 남길 수 있었던 아파트 경매도 현재 주택 시장 시세와 다를 게 없다는 설명이다.

이 대표가 말하는 투자 포인트는 주택이 아닌 부동산 시장의 비인기 종목에 맞춰져 있다.

상가, 토지, 임야, 사우나 등 전망 있는 종목을 눈여겨보고 경매를 통해 수익을 창출해야 한다는 것이다.

그는 "현재 주택시장은 과 포화된 상태인 반면 상가나 토지 등은 그린벨트를 완화할 수 있고 부동산 개발을 통한 지역적 활성화를 기대할 수 있다"고 설명했다.

〈부동산컨설팅전문업체 (주)라프 이태섭 대표는 부동산 투자에 대해 형식과 틀에 얽매이는 것이 아닌 현장에서 직접 익힌 실전 경험이 동반돼야만 성공적인 투자를 할 수 있다고 강조했다.〉

◆비인기 종목 투자 포인트

이 같은 비인기 종목 활성화를 위해선 정부의 DTI규제를 어느 정도 수준에서 완화시켜야 한다는 게 이 대표의 주장이다.

그는 "경매를 통해 임대 수익을 목적으로 상가를 낙찰 받는 사람이 늘고 있지만 금리인상에 내수 경기까지 침체돼 다시 경매로 내몰리는 등 악순환이 반복되고 있다"

며 "부동산 거래 활성화도 중요하지만 시장 내수 경기 활성화를 통해 서민 일자리 창출 등 부동산 시장에 활력소가 절실하다"고 피력했다.

실제 이 대표는 경매 붐을 일으켰던 지난 2003년, 약 70억원대 상가건물을 30억원에 낙찰 받아 약 20억원의 수익을 올리기도 했다. 물론 물건에 대한 철저한 분석과 전망 조사 등 오랜 시간에 걸쳐 나온 결과물이기도 하다.

그는 "요즘처럼 유찰 횟수가 많은 경매물건은 낙찰을 받고 관리 절차를 거친 후 실제 투자가치를 형성할 수 있을 때까지 1~2년 정도가 걸린다"며 "물건에 대한 상권이나 전망 등의 분석을 직접 발로 뛰면서 철저한 검증을 바탕으로 입찰이 정해지기 때문"이라고 설명했다.

부동산컨설팅전문업체(주)라프는 경매로 부동산 투자를 진행할 때 발생할 수 있는 리스크를 감소시켜주는 역할을 맡고 있다. 즉, 물건 선별과 투자수익 전망 등 면밀하게 분석한 물건을 경매로 낙찰 받은 후 투자자들을 모집하고 부동산 투자의 밑바탕을 마련해주는 것이다.

이 대표는 "현장에서 발품을 팔면서 규정과 형식에 맞춰진 틀이 아닌 피부로 겪었던 노하우를 통해 경매를 진행하고 있다"며 "그 동안 현장에서 나타난 시행착오 등 산전수전을 겪으면서 느꼈던 노하우를 신뢰와 믿음을 통해 투자자들에게 희망을 주고 싶다"고 전했다.

이같이 경매 현장에서 직접 발로 뛰며 바쁜 나날을 보내고 있는 이 대표는 사회봉사와 선행 활동에도 열정적이다. 실제 이 대표의 꿈은 복지시설을 설립하는 것이다.

이 대표는 한때 '때밀이 사장'으로도 알려질 만큼 틈나는 대로 주변 지역 독거노인을 찜질방으로 초청해 무료 목욕과 식사를 대접하고 있다. 아울러 교도소 교화위원이 되고부터는 연예인들과 교도소 공연 봉사활동도 진행하고 있다.

이 대표는 "지금처럼 힘든 시기에 재테크 수단이나 투자처로 부동산을 택하기가 쉽지만은 않다"며 "때문에 현재 투자가치가 유망한 부동산 종목을 투자자들에게 일러주고 시행착오를 되풀이하지 않았으면 좋겠다"고 밝혔다.

서울경제TV **SEN**

U 인생역전을 이뤄낸
불굴의 CEO를 찾아서~!

이태섭 회장 / 'ㄹ' 부동산 전문 기업
(서울로 상경해서) 기술을 배워야겠다고 직업 안내소를 갔는데
원래 자동차 정비 공장에 취직해서 자동차 정비를

그 차를 장만해 줄 테니 열심히 해서 갚으라고 하더라고요
그래서 그 한 대로 7~8년 만에 제가 52대를 만들었어요

고영준 지인
(이태섭 회장은 부동산 전문 기업뿐만 아니라) 대형 사우나,
찜질방(도 운영)을 하는데 손님들을 위해 공연을 하고

젊은 시절 죽음의 문턱에서 만났던 어르신의 말씀을
항상 가슴에 안고 직원들과 같이 먹고살고 나눔과 배려를

힘들었던 시절을 잊지 않고
보답하고자 하는 그!

여러분 절대 포기하지 말고 희망을 저버리지 말고
용기를 갖고 도전, 또 도전하세요

문의전화 02-2038-3325

인터넷을 장식한 이태섭 회장

(주)라프 11주년, JBC 까 방송 프레스센터 개국 리셉션